August Ludwig von Schlözer

Erzählung und Beurtheilung der neuesten Versuche einiger Exjesuiten

die Barbarey in Deutschland einzuführen. 46. Heft

August Ludwig von Schlözer

Erzählung und Beurtheilung der neuesten Versuche einiger Exjesuiten
die Barbarey in Deutschland einzuführen. 46. Heft

ISBN/EAN: 9783743622814

Hergestellt in Europa, USA, Kanada, Australien, Japan

Cover: Foto ©ninafisch / pixelio.de

Weitere Bücher finden Sie auf **www.hansebooks.com**

Erzählung und Beurtheilung

der neuesten

Versuche

einiger

Ex Jesuiten

in Bruchsal, Heidelberg und Strasburg, die Barbarei in Deutschland einzuführen.

Herausgezogen

aus

A. L. Schlözers Briefwechsel

46ten Heft.

1781.

Briefwechsel
XLVI. Heft.

40.
Aus dem Elsaß, 27. Febr. 1781.

Mardy le 18 *d'Avril* 1780, Mr. *Treitlinger*, Recteur actuel de l'Univerſité, accompagné de Mr. *Lorenz*, D. & Prof. en Theologie, comme Doyen actuel de la Faculté, & de Mr. le Prof. *Müller* comme Membre de la même Faculté & Recteur du Semeſtre précedent, ſe ſont rendus à *Muzig* au château de S. A. E. Mſgr. le Cardinal de *Rohan*-Guemené, Prince-Evêque de Strasbourg, en conſéquence d'une gracieuſe Lettre que deux jours auparavant Mſgr. a fait écrire à Mr. le Recteur par Mr. *le Fevre* ſon Conſeiller Intime, & par laquelle il lui fait ſavoir que S. A. E. deſiroit ſ'entretenir avec lui & avec le Chef de la Faculté de Theologie.

Introduits dans le Cabinet du Prince bientôt après que ſix Conſeillers de *Colmar* en furent ſortis, Mr. le *Recteur* fit une harangue dans laquelle il félicita S. A. E. ſur ſon heureuſe arrivée dans ſon Dioceſe, & lui témoigna combien l'Univerſité étoit pénétrée de cette nouvelle marque de bonté, par laquelle S. A. E. veut bien ſ'expliquer Elle-même ſur les points qu'Elle peut avoir à notifier ou qui peuvent avoir beſoin d'éclairciſſement. Après quoi Mr. le *Recteur* préſenta Mr. *Lorenz* en ſa qualité de Doyen de la Faculté de Theologie, & en nommant Mr. le Prof. *Müller* il ajouta qu'il l'avoit amené parceque nous avions lieu de préſumer qu'il ſeroit queſtion de choſes qui ſe ſont paſſées ſous ſon dernier Rectorat. S. A. E.

témoigna par les mines les plus gracieuses son approbation. Là dessus le Prince prenant la parole, dit:

"Qu'Il nous avoit invité à cet entretien, parce qu'il a pour objet des choses que son égard pour nous & son amour pour la paix & la bonne intelligence entre les deux Religions l'avoient empêché de nous faire dire par d'autres, persuadé comme Il étoit qu'aucun délégué n'auroit usé de la douceur & des ménagemens avec lesquels Il se proposoit d'étouffer tout germe de division. Que par toute se conduite Il croit avoir déja donné des preuves suffisantes de sa disposition tolérante & pacifique; pour laquelle même Il étoit si bien renommé, que tout recemment les *Protéstans* des *Cevennes* ont reclamé sa protection en faveur de quelques uns de leurs Ministres emprisonnés, qu'Il s'est emploïé à cet effet auprès du Marechal *d'Harcourt*. Que par une suite de ces mêmes sentimens Il de l'eloignement pour les disputes Theologiques, parcequel'aigreur & la chaleur qu'on y met souvent, ne fait que desunir davantage les esprits. Que conformément à ce principe Il avoit déja plusieurs fois fermé les oreilles aux plaintes des *Zelateurs*, mais que quand on Lui crie trop haut à l'oreille, il saloit enfin entendre. Que *deux Theses* soutenuës à notre Université, avoient eprouvé de bien sinistres interpretations; que les mauvaises impressions qu'elles ont faites, étoient même parvenuës à la connoissance du *Roi*. Que pour prévenir toute suite desagréable, Il avoit promis à *Sa Majesté* de prendre les informations nécessaires, lorsqu'Il seroit arrivé dans le Diocese, & qu'Il prendroit la voye de conciliation pour appaiser l'affaire. Que ceci doit nous faire sentir le nécessité où Il est de faire quelque acte de forme pour pouvoir donner au *Roi* des assurances autentiques qui puissent dissiper tout nuage de soupçons contre nous. Qu'Il s'agit d'une explication sur *deux Theses*, dont la premiere
roule

roule sur la *Cosmogonie* de *Moïse* *); qu'on y avoit trouvé reprehensibles différens passages qui semblent annoncer une incertitude du Texte de Moïse; que les assertions qui s'y trouvent sur l'age plus reculé de notre Globe & sur le Déluge, n'auroient peut être pas fait si grande sensation, si l'on ne préparoit actuellement une Censure du Livre de Mr. de *Buffon* sur les Epoques de la Nature. Que cependant pour Lui *Il passoit là dessus*. (En disant cela Il remit sur la cheminée la Thèse qui avoit des cornes à quelques feuilles). Mais, (ajoûta-t-Il, en prenant la Thèse de Mr. *Lorenz* **) ce qui Lui avoit fait infinement plus de peine, c'étoit la proposition qui se trouvoit dans la Thèse de Mr. *Lorenz* p. 40. (Elle étoit soulignée dans l'exemplaire du Prince). Là dessus Il se mit à la lire haut & distinctement: (on l'insere ici)

Cum longe maxima pars hominum moriantur infantes, infantes autem siue sint baptizati siue non-baptizati, siue christianis parentibus siue *infidelibus* geniti, cum non defectus sed contemtus baptismi damnare omnino praesumendus sit (quicquid hac de re *Patrum rigor*, non consulta satis rationis sane et Euangelii luce, in contrarium senserit), probabiliter admodum sint meriti Christi, & per id regni coelorum, participes: sequitur inde, numerum saluandorum, eorum, qui aeternae damnationis poenas meritas luent, catalogum infinitum superare.

S. A. E. aiant appuïé sur les Paroles soulignées, après avoir remis la Thèse sur la cheminée, Elle reprit

_____

* Obserstationes ad *Mosaicam Creationis Historiam* — Praeside *Phil. Iac Müller* SS. Theol. Prof. Publ. Ord. — d. 28. Octobr. 1779 — submittit Auctor *Frid. Iac. Lauth* Argentinensis, Gymnasii Colmar. Subconrector. *Argentorati*, 4, 40 Seiten. S.

** Diss. Theolog. de *Aequipollentia Religionum*, inepto eius, in quo quisque natus est, seruandae argumento. Cuius *Portionem* III & vltimam . . . Praes. *Sigism. Frider. Lorenz*, SS. Theol. D. & Prof. Publ. Ord. — d. 9. Febr. 1780 . . . submittit M. *Ioh. Georg Heinemann* Argentinensis. 4. pag. 35. 50. S.

son Difcours en difant: "Que jusqu'ici on avoit été perfuadé que nous admettons la néceffité indifpenfable du Batême; que ce point nié ou revoqué en doute autoriferoit l'indifferentisme; qu'on fçait bien que les Proteftans ne fçauroient foufcrire à la maxime reçuë parmi les Docteurs de la Communion de Rome, que hors de l'Eglife Catholique il n'y a point de falut, mais qu'on regarde comme contraire aux principes des deux Réligions de foutenir que les Enfants des infideles peuvent obtenir le falut fans le Sacrement du Bateme; qu'on n'ignore pas que les Docteurs Proteftans font portés à concilier les dogmes de la foi avec les principes de la Raifon, & qu'il leur femble contraire aux notions que la Raifon nous donne de la Juftice & de la Mifericorde de Dieu d'exclurre de la felicité de la vie avenir des Enfants qui par le malheur de leur naiffance meurent privés de ce moïen de grace; mais que néanmoins les Proteftans reconnoiffent l'imputation du Peché d'Adam qui femble auffi difficilement f'accorder avec la Juftice & avec la Bonté de Dieu; qu'ainfi on devroit être d'accord fur l'incomprehenfibilité de ces chofes & foumettre la Raifon à l'autorité de la Revelation".

Là deffus Mr. le Prof. *Müller* prenant la parole dit: "Que la doctrine conftante de nos Eglifes a été de tout tems que le Sacrement du Bateme eft d'une neceffité de précepte indifpenfable, & que par ce Sacrement l'Efprit divin confere efficacement les graces du falut; qu'ainfi comme ce Sacrement tient toute fa vertu de l'inftitution divine, on fe croit autorifé par la Nature même de la chofe à fuppofer, que Dieu, au cas qu'un homme en demeure privé fans fa volonté ou contre fa volonté, puiffe fuppléer à la vertu du Sacrement; que ce ne font pas les feules notions des Attributs de Dieu que nous invoquons, mais toute l'Analogie des verités revelées que nous croions devoir confronter pour en concevoir des
idées

idées juſtes; que nous regardons cette doctrine comme une conſéquence de l'univerſalité du Mérite de J. C. dont les effets propitiatoires ſ'étendent ſur tous ceux ſur qui ſeſt étendu la peine du péché d'Adam, ſelon la doctrine de S. Paul; que cette bonne eſpérance du ſalut des Enfans des infideles ne deroge aucunement à la doctrine de la Néceſſité du Bateme".

Mr. le D. *Lorenz* ajouta: "que notre Egliſe rejette la doctrine de Sociniens qui traita ce Sacrement de ſimple ceremonie exterieure d'initiation; & qu'elle a en horreur la doctrine des Fanatiques qui ſ'élevent contre la néceſſité de ce Sacrement par une ſuite du mépris qu'ils ont pour tout moyen de grace hors leur lumiere intérieure".

Là deſſus le *Prince* prenant Mr. *Lorenz* par la main lui dit: "Vous avez donc en horreur les doctrines qui rejettent la Néceſſité du Bateme"? Certainement, Monſeigneur, *Lui répondit Mr. Lorenz.* "Fort bien, fort bien, *repartit le Prince*, nous ſommes donc d'accord enſemble par rapport à cela; ainſi comme nous convenons en ce qui eſt eſſentiel, faites en ſorte que cela paroiſſe, & voilà tout ce que je Vous demande pour Vous juſtifier aux yeux du *Roi*: mettez à la prèmiere occaſion cette propoſition: *que* le Bateme eſt *de premiere neceſſité*, mais n'y ajoutez point d'interpretation.

Mr. *Lorenz* fit une inclination, & Mr. le *Recteur* promit de ſon côté d'avoir ſoin que le deſir de S. A. E. ſ'accompliſſe au plûtôt.

Mr. le Prof. *Müller* ſans rien ajouter ſur ce ſujet, demande enſuite à S. A. E. la permiſſion de donner quelque éclairciſſement ſur la Theſe qui concerne la *Cosmogonie* de Moïſe, & dit: "Que bien loin de donner la moindre atteinte à l'autorité de la Geneſe, les explications qu'on y a données, tendent à préparer la ſolution d'une difficulté qui paroiſſoit faire de la peine aux Phyſiciens qui aiment ſincerement la Religion: que des obſervations multipliées sûr la ſtructure intérieure de la Terre leur ſemblent annoncer un age plus reculé de notre Globe: que, ſans ſouſcrire à cette induction, l'Auteur n'a fait qu'une aſſertion hypothetique, limitée à la condition, ſi des experiences claires conduiſoient irrefragablement à ce reſultat; qu'alors l'autorité de Moïſe ſeroit en ſureté, parceque le Texte Hebraique n'exclud pas la ſuppoſition que notre Globe a été long-tems ſubmergé, & que cette ſubmerſion eſt l'effet d'une revolution qu'il a ſubie: que l'explication qu'on donne du Texte de Moïſe relatif au Deluge, revient à peu près à celle qu'en a fait le Cardinal *Cajetani*; qu'ainſi l'Auteur a pu croire de bonne foi que même au jugement de l'Egliſe Catholique Romaine il n'encourroit pas l'accuſation d'Heterodoxie".

A ces paroles le *Prince* ſourit & dit: "Un Cardinal eſt Electeur du Pape, mais il n'eſt pas Pape ni Apotre"; & en même tems pour faire ſentir qu'il ne demande point d'explication ultérieure, Il ſe tourna pour prendre ſa Canne, puisque quelques momens auparavant un domeſtique étoit entré pour Lui dire qu'on L'attendoit à la Meſſe.

Après quoi Il revint aux aſſurances de ſes ſentimens pacifiques & nous proteſta de ſa ſincere intention de n'attenter jamais à nos droits & libertés. "Je ne vous ai fait qu'un ſeul mal, ajouta-t-il, ce ſont les *mariages mixtes**; mais j'eſpere que ce ſera le ſeul que je vous aurai fait: encore n'eſt-ce pas peut être un mal; le tems l'apprendra. Au reſte ſi je me vois obligé de faire quelque choſe qui ſemble vous bleſſer en Corps, comtez toujours que j aimerai les individus; & generalement vous devez convenir que le Gouvernement françois eſt doux?"

Sur quoi Mr. le *Recteur* dit: "principalement depuis que nous avons des *Rohans* ſur le ſiège Epiſcopal".
Oui

---

* Siehe oben, Verſuch des Briefwechſ. S. 3. S.

41. Gesangbuch in Berlin.

Oui, reprit le *Prince*, le regne des Rohans a été favorable aux Proteſtans; Leur caractere doux & liant leurs a gagné les coeurs: j'ai déja eu occaſion d'aſſurer le Roi que les Lutheriens de l'Alſace ſont auſſi fideles ſujets que les Catholiques".

Après cela nous fimes notre reverence en nous recommandant encore à la haute protection de S. A. E.

Bientôt après nous fumes invités à diner.

Mr. le *Recteur* fut placé à la premiere Table, Mr. *Lorenz* & Mr. *Müller* à la ſeconde.

Après diner on ſe tint encore quelque tems à l'Antichambre, où le *Prince* nous approcha encore une fois. Mr. le *Recteur* Lui témoigna la plus vive reconnoiſſance de la gracieuſe reception & de la genereuſe compoſition de cette affaire; mais à peine ce point fuit-il touché, que le *Prince* interrompit & dit: "Tout eſt dit, je n'y penſe plus". Sur quoi nous fimes encore une profonde inclination & ſortimes.

On a oublié ci-deſſus de remarquer, que le *Prince* nous dit entre autres, qu'il avoit parlé de cette affaire à Meſſieurs les *Conſeillers* de *Colmar*, qui venoient de ſortir de ſon Cabinet, & qu'il les avoit priés, au cas que des Catholiques là-haut voudroient faire ſonner les plaintes contre la doctrine de Proteſtans, qu'ils aient ſoin de diſſiper tout nuage & de faire ſavoir que l'affaire ſ'eſt compoſée à l'amiable.

41.
Ueber die Einfürung der neuen Geſangbücher, und Einſchrenkung des KaffeConſumo, in den Preußiſchen Landen.

Groß Glogau in Nieder Schleſien, 16 Febr. 1782.

Ich bin weder ein Gelehrter noch ein StatsMann; ich liebe aber die Warheit und Dero intereſſanten Briefwechſel . . . . Sie ſammlen ein ſchätzbares Archiv für die Nachwelt und

und aus Dankbarkeit will ich etwas dazu beitragen. Ich halte es also für eine Schuldigkeit, Ihnen von zwey Begebenheiten sichere Nachrichten und Urkunden zu übermachen; und will so viel möglich dem Geist der Parteilichkeit, der Sie leicht irre machen könnte, vorkommen.

Die erste Begebenheit ist wegen Einfürung der neuen Gesangbücher in den königl. Preußischen Staten. Sie werden sich erinnern, daß der König vor ungefer 2 Monaten durch die Berliner Zeitung bekannt machen ließ, daß Er neue Gesangbücher in seinen Staaten eingefürt wissen wollte, und daß selbige mit Anfang des 1781sten Jars würden zu Berlin zu bekommen seyn. Unser weiser Monarch, dessen tätiger Geist alle Gegenstände umfaßt, die dem Gemeinen Wesen nützlich seyn, und den MenschenVerstand erleuchten können, hatte sich unter andern nützlichen Einrichtungen vorgenommen, die in unsern protestantischen Kirchen bisher üblich gewesenen deutschen Lieder abzuschaffen, weil selbige durch die Länge der Zeit fast unverständlich geworden sind. Es ist unläugbar, daß die deutsche Sprache seit 200 Jaren sich sehr verändert, und eine größere Vollkommenheit erhalten habe; daß folglich die erhabensten Gedanken durch einen schon längst verworfenen Ausdruck oft lächerlich gemacht, und die edle Absicht des Gottesdienstes dadurch vereitelt werde. Diesem Uebel suchte der König vorzukommen, und wünschte daher, eine Sammlung der besten geistlichen Lieder, aus Gellert, Ramler, und andern großen Dichtern, dem Volke zur Erbauung aufgelegt zu sehen. Die Verfertigung dieses neuen Gesangbuchs trug er Männern auf, deren Verdienste in der gelerten Welt sichere Bürgen sind, daß solche Sammlung der Absicht des erleuchteten Monarchen vollkommen entsprechen würde. Wer auch die neuen Lieder unparteiisch durchliest, und sie mit den alten vergleicht, muß aufrichtig den Vorzug bekennen, den die neueren haben und haben müssen, so wol in Ansehung der Sprache selbst, als auch der großen Talente ihrer Verfasser.

Aber

41. Gesangbuch in Berlin.

Aber sollten Sie wol glauben, daß sich ganze Gemeinden in Berlin geweigert haben, diese Meisterstücke der Dichtkunst anzunemen? und weder den Namen noch die Häußer der würdigsten Männer, eines Spalding, eines Silberschlag, eines Teller, verschonet haben? Zur Ehre der Menschheit will ich die Excesse mit Stillschweigen übergehen, die sich der SchwärmerGeist des Volks bei dieser Gelegenheit erlaubt hat. Genug, diese würdigen Männer sind kaum ihres Lebens sicher gewesen: und woher diese Verfolgung? weil sie die neuen Gesangbücher angenommen, und ihren resp. Gemeinden vorzüglichst empfolen hatten; kurz, weil sie einen verfeinerten Geschmack haben, und solchen in den Gottesdienst einfüren wollten. Wenn dergleichen Ausschweifungen in dem Lande geschehen wären, wo nach der Aussage eines Ungenannten in Ihrem Hefte XLII, der Hr. P. General der Kapuciner einen so glücklichen Fang gemacht hat; wenn ein blindes Volk die Fenster des Verfassers der Nachricht wacker eingeschlagen hätte; so würde ich mich darüber gar nicht wundern: ich würde nur diesen Ehr- und Warheitliebenden Pfarrherrn beklagen, daß er am BodenSee leben müße. Aber in der Stadt Berlin, wo eine Akademie der Wissenschaften ist, wo die Seelsorger erleuchtete Männer sind, und die Jugend weit von allem Aberglauben unterrichtet wird; — daß dort, wegen Abschaffung unverständlicher KirchenGesänge, ein Aufrur entstanden sei, daß ein Teil des Volks alle Achtung auf die Seite gesetzt, die würdigsten Männer gemißhandelt, und sein einfältiges Geschrei bis zum Throne des Monarchen habe hören lassen: das werden Sie kaum glauben. Inzwischen lesen Sie folgendes CabinetsSchreiben. Ich enthalte mich aller weiteren Anmerkungen: Sie werden sie schon selber machen, und als ein — — die gute Absicht unsers teuren LandesVaters gewiß nicht verkennen.

Th. VIII. Heft XLVI.

*Cabinets*Resolution für den Kaufmann Opitz als Deputirten der vier Gemeinden der h. Dreifaltigkeit, St. Gertraud, Cöllnischen Vorstädten, und Jerusalems Kirche zu Berlin.

[Ist schon oben Heft XLV S. 199 abgedruckt. Beide Copeien stimmen aufs genauste mit einander überein, folgende unerhebliche Varianten ausgenommen:
Z. 3. ReligionsSachen   für: ReligionsGebräuchen.
Z. 8. unveränderlichen   für: unverbrüchlichen.
Z. 18. und vernünftiger, auch für: vernünftiger, und.]

Nun komme ich auf die zweite Begebenheit, die nicht minder Aufsehen macht, worinnen aber der König nicht so leicht nachgeben wird: nämlich auf die *Einschränkung* der übertriebenen KaffeSucht in den königl. Preußischen Landen. Sie werden aus der Inlage sehen, wie gnädig sich unser großer Friederich gegen die MaterialHandlung herabgelassen hat, und selbige als ein gütiger LandesVater zurecht weißen müßen, ohne sich in seinem Vorhaben stören zu laßen.

„Aus der anderweitigen Vorstellung der hiesigen Material-Handlung vom gestrigen Dato, wegen der bevorstehenden Veränderung des KaffeHandels, ergibt sich, daß dieselbe die Landesväterliche Absicht Sr. Königl. Mit hierunter in ihrem ganzen Umsange nicht erkennet; dahero wollen Höchstdieselben ihnen solches hiermit näher bekannt machen.

Zu dem Ende muß gedachte MaterialHandlung wißen, daß eines Teils blos für Kaffe wenigstens järlich 700000 Rthlr. aus dem Lande gehen, und dagegen die Bierbrauerei, welche blos eigene LandesProducte consumirt, zum größten. und unwiederbringlichen Verlust des Adels, des Bürgers, und des Landmanns, abscheulich herunter, und ihrem Ruine nahe gekommen ist. Andern Teils aber noch überdem mit dem ausländischen Product erstaunliche Contrebande, und gar so weit getrieben worden, daß Leute mit geladenem Gewehr sich

41. Preuß. Kaffe Verordnung.

sich auf den Gränzen eingefunden, und zu deren Begünstigung Feuer auf die Accis-Officianten und Aufseher gegeben haben. Beide aus einem uneingeschränkten Kaffe Handel entstandene, und täglich überhand nemende Uebel, sind also die einzigen Ursachen, welche Höchstdieselben auch um so weniger davon abzugehen bewogen, als der Material Handlung, anstatt sich mit dergleichen schelmischem Handel weiter abzugeben, noch viele andre Waren, als Hämmel, Kälber, Schweine, und andres Schlachtvieh, so wie auch Gewürze, Butter, Eier ꝛc. ꝛc., übrig bleiben, welche sie aus den übrigen königl. Provinzen anhero schaffen, und dadurch diesen Abgang von Kaffe in ihrem Handel auf eine dem Vaterlande weit vorteilhaftere Art ersetzen können. Berlin, den 14 Jan. 1781.

Friederich.

Sie müssen nicht glauben, daß die Einfur des Kaffe deshalb verboten, und der Transito nach fremden Ländern gehemmet sei: der Kaffe Handel gehet, wie vorher. Nur wegen der einheimischen Consumtion sind neue Masregeln genommen worden, um selbige so viel möglich einzuschränken, und die Contrebande zu erschweren. Nur gewisse Kaufleute, die man königl. *Entreposeurs* nennt, haben die Erlaubnis, den Kaffe ungebrannt zu verkaufen: die andern Krämer dürfen nur mit gebranntem Kaffe handeln, und müssen denselben schon gemalen und in Büchsen von den Entreposeurs nemen. — Er ist auch vor der Hand nicht teurer, als er gewesen ist, für diejenige, die ihn ungebrannt kaufen: nur müssen sie sich gefallen lassen, järlich 20 ℔ zu nemen, und einen Brenn Schein von dem königl. Accis Amt zu lösen, der ihnen 1 Ggl. kostet.

Diejenigen aber, die nicht auf 20 ℔ pränumeriren können, werden als arme Leute betrachtet, die folglich keinen Kaffe trinken sollten; und denen wird das Kaffe Trinken auf

alle

alle Weise erschweret. Sie müßen ihn fast noch einmal so teuer bezalen wie vor, und können ihn nur gemalen und Lotweise bekommen. Das geschieht, um die erschreckliche Contrebande, die damit gemacht wurde, aufzuheben, und damit schlechte Leute, die sich auf diesen schelmischen Handel legten, gezwungen werden, ihre alte Profession wieder zu ergreifen, und dem Vaterlande auf eine nützliche Art zu dienen. Denn wollten auch dergleichen Schleichhändler in ihren Häußern Kaffe brennen; so werden sie durch den penetranten Geruch deßelben bald verraten, und mit einer 3järigen Festungs-Strafe belegt werden. Daher sollen Schniffelers auf den Gaßen Tag und Nacht herum gehen; und wo sie riechen, daß Kaffe gebrannt wird, sollen sie sich den BrennSchein zeigen laßen. Ist kein Schein vorhanden: so versteht es sich von selbst, daß der Kaffe confiscirt, und der Täter gestraft wird. Weil aber die AccisOfficianten nicht hinlänglich sind, eine große Stadt und das platte Land in dem Umfang einer halben Meile durchzuschniffeln: so soll eine Anzal Invaliden dazu abgerichtet werden. Ein Teil der Confiscation wird ihnen als eine Belonung zuerkannt, und überdies hat ein solcher Invalide monatlich 6 Rhlr. Tractament.

Nun haben Sie die ware Geschichte der neuen Kaffe-Einrichtung in den Preußischen Landen, und zugleich einen neuen Beweis von der StatsKlugheit unsers großen Königs. Aus dem Kaffe, der blos als eine Delicatesse anzusehen ist, fließet eine neue Quelle der Woltätigkeit für eine große Anzal Invaliden, die dem Lande und sich selbst zur Last waren. Nun wird der unter den Waffen grau gewordene oder verstümmelte Kriegsmann, dem noch die Nase übrig geblieben, sein reichliches Auskommen haben, und niemanden als dem Defraudanten beschwerlich fallen. Der gemeine Mann, der jetzo noch seinen Kaffe 2mal des Tags haben muß, wird nach und nach diesen kostbaren Trank entberen lernen, wodurch viel Geld im Lande bleiben wird; und der Reiche, der sich einbildet, daß sein Magen ohne Kaffe nicht verdauen könnte,

42. Hildesheim, 26 Febr. 1781.

könnte, wird am Ende der einzige seyn, der unmerklich die Invaliden auf seine Kosten wird erhalten müßen. Diesen Brief — — belieben Sie Ihren Lesern mitzuteilen, und sich zugleich von der Hochachtung ꝛc. ꝛc.

A. v. F.

"*Déclaration du Roi concernant la Vente du Caffé brulé*. — Königl. Preußische allergnädigste Declaration, den Verkauf des gebrannten Kaffe betreffend". De Dato Berlin, 21 Jan. 1781. Gedruckt bei Decker. 5 Bogen in Fol. Enthält 25 Artickel, von denen auch ein kurzer Auszug gedruckt, und an allen öffentlichen Orten angeschlagen worden ist. Das Französische ist das Original, das ihm zur Seite stehende Deutsche aber sichtbar nur eine Uebersetzung. — Der Kaffe ist also jetzo im Preußischen ein KronMonopol (wozu er sich auch, nach den sanftesten FinanzGrundsätzen, qualificiret). Und der Zweck dabei ist, I. die Consumtion zu vermindern, II. eine neue Revenüe zu erhalten, die den Invaliden angewiesen ist.

Zugleich eile ich, obige Nachricht Heft XLIV. Num. 22. S. 129, durch folgenden Extract aus einem andern Schreiben vom 26 Febr. 1781 zu berichtigen. "Die Stelle aus meinem Briefe paßt nicht ganz auf die Städte im Halberstädtischen, wenigstens auf Halberstadt selbst nicht: denn dort hat das Pf. Kaffe gewönlich 10 Ggr. gekostet, weil das Defraudiren, bei der hohen StadtMauer und größeren Aufsicht, teils schwerer teil gefärlicher war. Noch vor 2 Jaren ward ein KaffeDefraudant von der Schildwache auf der Mauer erschossen. Durch die jetzige Einrichtung des KaffeHandels ist der Preiß mit einmal beinahe auf alterum tantum gestiegen.

───────────

42.
Hildesheim, 26 Febr. 1781.

Was eine Menge deutscher Zeitungen von einer neuen Hildesheimischen "Verordnung gegen den eingerissenen Gebrauch des Kaffe" verbreitet haben, ist völlig ungegründet. Wir wissen hier von keiner andern, als der vom 4 Jan. 1768: und auf keine andre als diese alte, sind auch auswärtige.

wärtige Kaufleute verwiesen worden, von denen, auf Veranlaßung jener falschen ZeitungsNachricht, hier wirklich Nachfrage geschehen war.

Diese alte beigehende Verordnung [2 Bogen in Fol., unterschrieben T. H. L. v *Walbeck*] hat 12 Artickel. I. Jeder Bürger, HandwerksGeselle, Bauersleute, Gesinde ꝛc. sollen sich des KaffeTrinkens enthalten, bei Strafe für jedesmal 6 Mſl. II. Keiner, der mit Kaffe handelt, soll bei 20 Rthlr. Strafe künftig a) gebrannten, oder gar b) gemalten in seinem Laden füren, und c) an rohen Kaffebonen unter 2 ℔ an jemanden verkaufen. III. Auf die sonst freien Jarmärkte sollen keine KaffeMülen und KaffeBonen zum feilen Verkauf gebracht werden. IV. Diejenige, denen hiermit der Gebrauch des Kaffe untersagt wird, sollen sich binnen 3 Monaten ihres KaffeGeschirrs, so gut sie können, entledigen; sonst wird es nachher consiscirt. V. Auf den Dörfern darf von Ostern an gar kein Kaffe mer gefürt werden. VI. Die Gastwirte zalen 6 Mſl. Strafe, wenn sie außer den Reisenden auch andern Kaffe geben, oder selbst trinken. VII. Ein Schleichhändler zalt 20 Rthlr. Strafe, oder steht 2 Stunden lang am Pranger. Für die, so sich in den gekauften Kaffe geteilt, 6 Mſl. Geld-, oder 2 Tage Gefängnis-Strafe. VIII. Hauswirte, die ihrem Gesinde Kaffe geben, — 6 Mſl. Die ihn genoßen, — auch 6 Mſl. Gesellen ꝛc. die ihn fodern oder einbedingen, — 24 Stunden Gefängnis. IX. Auf ausstehende KaffeSchulden kan nicht geklagt werden. Wer Kaffe zu Borge gegeben, zalt noch 6 Mſl. Wenn Rechnungen eingeklagt werden, muß der Gläubiger auf Verlangen eidlich erhärten, daß unter den creditirten Posten kein Kaffe verborgen sei. X. Von jeden einkommenden 6 Mſl. Strafgeldern, bekommt ⅓ der Denunciant, ⅓ der OrtsBeamte, ⅓ die GerichtsObrigkeit. XI. Des Angebers Namen wird äußerst verschwiegen gehalten: der Depunciant aber, wenn er läugnet, muß eidlich sich reinigen, daß an dem Tage und Orte kein Kaffe gemacht, noch getrunken,

noch

noch ihm etwas davon wißig sei. Ein Hausherr muß hierunter für seine HausGenoſſen mit einſtehen. XII. Wird er überfürt, oder will er nicht ſchwören: ſo zalt er binnen 3 Tagen die Strafe, oder es erfolgt Execution, oder 2 Tage Gefängnis. Geſteht er: ſo muß er zugleich angeben, woher, von wem, und wie viel Kaffe er bekommen, um auch den Geber oder Verkäufer ſtraffen zu können. — Alle Jar ſoll die Ableſung dieſer Verordnung von den Kanzeln, den 1ſten Sonntag nach Oſtern und Michaelis, widerholt werden.

In der Einleitung wird zur Urſache hauptſächlich angefürt: der allgemeine GeldMangel, und die ſchlechten Zeiten, als eine Folge von dem allgemein und übermäßig eingeriſſenen KaffeTrinken; nebſt dem, daß dadurch järlich eine ungeheure Summe Geldes außer Landes gehe *

* Zur Antwort an Hrn. —: "Die HeſſenCaſſelſche Verordnung gegen den Kaffe habe ich noch nicht auftreiben können; und ob außer Hildesheim, Heſſen, Hannover, und Preuſſen, auch andre Regierungen dergleichen Verbote ergehen laſſen, iſt mir unbekannt. — In der Preußiſchen Verordnung S. 1 und 5.findet ſich die Stelle: ... Sa Majeſté a reſolu de faire brûler dans des atteliers publics, *ainſi qu'il ſe pratique avec ſuccès depuis longtemps en Angleterre*, tout le Caffé deſtiné pour la conſommation, tant des villes que des campagnes du Royaume. . . . S.

43.

Geſchichte der Europäiſchen Staten, zum Gebrauch der KurMainziſchen Schulen verfaſſet von **Johann Kaſpar Müller**, Prof. der ſchönen Wiſſenſchaften und der Geſchichte an dem kurfürſtl. Gymnaſio zu Mainz.
Mit Genemigung der angeordneten Cenſuren.

Mainz, verlegt auf Koſten des SchulFonds. Gedruckt in dem kurfürſtl. privil. Hoſpital zum h. Rochus 1780. 8. 174 Seiten.

Als neues Handbuch der Geschichte und Statskunde von Spanien (denn von diesem Reiche allein handelt dieser erste Teil), gehört das Buch nicht hieher.

Aber als ein mit ächtem historischen Geschmack verfaßtes, deutsch geschriebenes, und durch landesherrliche Macht eingefürtes SchulBuch, wird es eine deutsche StatsMerkwürdigkeit in den Augen aller, welche wissen, daß die Magni Statores *Barbariei* ehedem, aus triftigen Gründen, in vielen Gegenden Deutschlands, die neuere Geschichte von den Schulen gänzlich ausgeschlossen, und die alte auf eine jämmerlich pedantische Weise dociret haben.

Und endlich wegen der sehr vielen, freimütigen, gegen Intoleranz und Hildebranderei eifernden Stellen, erhält das Buch gar die Würde eines Phänomens, das nicht nur dem, auf Hontheims und Schmidts, d. i. der historischen Warheit, lichten Pfaden beherzt einherwandelnden Verfasser, sondern auch den angeordneten Censoren, vor allen aber dem großen Fürsten, der Aufklärung tätig ermuntert, und deren Werkzeuge mächtig schützt, wahre Ehre bringt.

Zwar alle diese freimütigen Stellen sind nichts weniger als neu, sondern seit mer als 100 Jaren, schon in unzältichen — ich meine nicht, protestantischen, sondern — katholischen französischen und italienischen Büchern, gedruckt, oft cum approbatione Superiorum gedruckt, oft weit derber ausgedruckt, worden. Allein, in viele Gegenden Deutschlands haben bekanntlich, diese neue Entdeckungen, oder vielmer diese widerhergestellten uralte Warheiten, nicht eindringen können; weil die natürlichen Hrn. Interessenten der Hildebranderei in Deutschland, die Mönche, großenteils hinter ihren auswärtigen Brüdern, in der Cultur weit zurückgeblieben, dagegen aber solchen, in Macht und Einfluß auf die Höfe und bürgerlichen Geschäfte, weit zuvorgekommen waren. Trat nun einmal hie und da ein Mann von Mut und Einsichten auf, der nur das in unserm Vaterlande predigte, was längst in der Näße der Sorbonne, und des Vaticans selbst, gepredigt wor-

vordem war: da nam die Barbarei Reisaus, und flüchtete—, aber nicht aus dem Lande, sondern — ins Heiligtum flüchtete die Freche, faßte die Hörner des Altars, und winselte "Käzerei" propositiones *scandalosae, piarum aurium offensivae, h.e. esi proxim. v. haereticae*)! und schwache Censoren ließen sich betäuben von dem Gewinsel! Dadurch geschah es, daß es in einigen Bezirken unsers Reichs so finster wie in Spanien blieb, wärend dessen es in andern heller wie in Frankreich war: eine Erscheinung, die so manchem Reisenden unbegreiflich war.

Unter allen den neuen Wissenschaften, die man in unsern Tagen, in hohe und niedre Schulen, teils wirklich eingefürt hat (wie in Oesterreich, Mainz, Münster, Fulda rc. rc.), teils einzufüren versucht hat, ist keine Klasse, gegen die sich die Barbarei so heftig sträubt, als die historischen Wissenschaften: aber wirklich hat sie auch Ursache dazu. So lange man nur dogmatisch focht, blieb der Streit immer unentschieden; jede Partei warf mit Distinctionen, Propositionen, Kunstwörtern, um sich, die brav aufs TrommelFell fielen, aber weder den Verstand noch das Herz trafen: also blieb jeder in seinen Vorteilen. Nun aber erscheint Geschichte wie bewaffnete Neutralität; ist weder protestantisch noch katholisch, weder Käzerin noch Rechtgläubige, sondern blos Geschichte; nimmt selbst keine Partei, behauptet aber ihre eigene, d. i. das Recht, ihre LandesProducte (Tatsäze) beiden streitenden Parteien zuzufüren; und wird vielleicht beide dadurch zur Annáme einer allgemein erspriesslichen Mediation nötigen. — Man seze hinzu, daß die Geschichte eine so leichte, für jeden vernünftigen Menschen verständliche Sprache spricht (wie ganz anders dagegen MönchsMoral und MönchsMetaphysik?); und daß sie jeden, der nur ihre AnfangsGründe gefaßt hat, unwiderstehlich zum Fortgange darinn (zu weiteren gefärlichen Grübeleien, nennen es die Tartüffe) reizt, also gar am Ende VolksStu-

dium

dium werden könnte: welches alles aber, ihr, der Barbarei, das Messer an die Kehle setzen, hieße — —

Eine ánliche Erscheinung ist folgendes Lehrbuch von Salzburg:

> Abriß der UniversalHistorie, zum Gebrauch der akademischen Vorlesungen, von P. Augustin Schelle, Benedictiner von Tegernsee, Prof. der prakt. Philosophie, Universalhistorie und or. Spr. auf der erzbischöfl. Universität zu Salzburg. Erster Teil. Mit Erlaubnis der Obern.
>
> Salzburg, gedruckt und zu finden in der Hof- und akademischen Waisenhaus Buchhandlung. 1780. 8. 392. Seiten.

Auch in Inspruck soll der Geschichte, durch die Bemühungen der Hrn. Schwarzl, Michaeler, und andrer dortigen gelerten Männer, eine gleiche glückliche Revolution bevorstehen.

44.

ExJesuitische Versuche,
die Barbarei in Deutschland wieder einzufüren.

Was die Hrn. Exjesuiten in dem fernen Lissabon, Rom, und Polotsk, teils wirklich tun, teils gerne tun möchten: damit amusiren oder ennuyiren uns unsre deutsche ZeitungsSchreiber fast wöchentlich. Aber was einige dieser Herren seit einigen Jaren, ganz in der Stille, in unserm eigenen deutschen Vaterlande vornemen: das getraute sich bisher niemand laut zu erzálen, wann gleich alle Briefe patriotischer und in die Zukunft blickender Männer, selbst aus dem katholischen Deutschlande her, voll von Seufzern und ängstlichen Besorgnissen waren.

Nunmehro, da sie durch das bisherige allgemeine Stillschweigen dreister gemacht, öffentlich in Acten hervortreten; da sie verkätzern, verdammen, verfolgen, und die Freunde und Werkzeuge der Aufklärung, ihre natürliche Feinde, unglückglücklich machen wollen: nun wird es Zeit, wird es Recht, wird es Pflicht, ein Wörtlein mit zu sprechen, um wo möglich noch früh genug, die höchsten, hohen, und niederen Behörden, auf diese ihre feindselige Anschläge gegen Deutschlands Erleuchtung und Befreiung, aufmerksam zu machen, damit solche die allerlezten Convulsionen ihres sterbenden Ordens werden.

Die Herren gehen nämlich damit um, noch ehe sie gänzlich von hinnen scheiden [1], I. die deutsche Sprache aus dem Schul- und UniversitätsUnterrichte zu verbannen, und dafür den ehemaligen Vortrag in der Sprache der Obscurorum Virorum, oder der unten folgenden Responsorum theologicorum, welche Sprache sie vermutlich Latein nennen, wieder einzufüren. Nun was das für ein herrlicher Behelf zur Aufrechthaltung der Barbarei sei, ist Reichskundig. In solchem Latein lassen sich quidditates und hæcceitates und plictri und plactri (und Zoten, siehe nachher) dociren; das geht in unsrer ungeleiteten (und schamhaften) MutterSprache nicht an, die hat nur Worte für Gedanken: und wagte einer, die quidditates (und Zoten) deutsch zu übersetzen; so würde der Lehrling rebelliren, (und der verblichne Busembaum selbst tot werden müßen).

Sie scheinen II. besonders die protestantischen Lehrbücher von katholischen hohen und niederen Schulen verdrengen zu wollen, wo solche bisher, meist auf Landesherrlichen Befel, und notorisch nicht nur ohne Gefar und Schaden, sondern mit auffallendem Nutzen, statt der alten jesuitischen, gebraucht worden sind [2]. Bloßer Haß der ExJesuiten gegen

---

1. "C'est ainsi qu'en partant je Vous fais mes adieux". Siehe oben Heft V. S. 299.

2. So gar gewisse sehr gute NebenFolgen hat dieser Gebrauch protestantischer Bücher auf katholischen Schulen nach sich gezogen. Er hat warme Freundschaften, und mer litterarisches Verkehr, zwischen den Gelerten von beiderlei Religions-

gen die Verfaſſer dieſer Lehrbücher, ihre proteſtantiſche Mit-
Chriſten, kann nicht die Urſache davon ſeyn: ſie dulten ja gar
Compendia, die von blinden Heiden verfaßte worden ſind
(z. Er. den Euklides); und trinken ohne Bedenken Wein,
den reformirte Hände gebaut, oder griechiſche Füße gekeltert
haben. Alſo muß der Grund hievon ganz wo anders
liegen. . . . .
Ganz vorzüglich III. gehen ſie der philoſophiſchen Moral zu Leibe, und wollen ſolche nicht weiter von der theolo-
giſchen Moral getrennt wiſſen, beide aber wieder ſo tractirt
haben, wie ihre Vorväter [3] taten, und der große Aufklärer
des Münſterlandes [4] nicht leiden will.

Dieſe

gionsParteien geſtiftet. Er hat gemacht, daß die Proteſtan-
ten in ihren Büchern von der Art, behutſamer, unbeleidigen-
der, und delicater im Ausdrucke geworden: dann wer wird
nicht gerne lieber in 2ten als in 1tem Teile Deutſchlands geleſen werden? Hiedurch gewann die Toleranz mer, als durch
alle UnionsProjecte; und der allgemeine deutſche Patriotism
wurde ſtärker angefacht, als durch alle Bardenlieder.

3. — Ab uno diſce omnes —! "R. P. *Hermanni* Bv-
sembavm *Soc. Ieſ.* Theologia Moralis. Nunc pluribus
partibus aucta a R. P. D. *Alphonſo* de Ligorio . . . .
Editio poſt *duas* Neapolitanas *prima* Veneta. Romae, 1757.
Superiorum permiſſu ac priuilegio. Dies iſt ein Foliante
von mer als 6 Alphabeten; dabei unausſtehlich zu leſen, ſo
wol der Sachen als des Styls wegen: und gleichwol —
verſchlangen ihn alle Lehrlinge der Moral vom 17ten Jare
an, wo ſie ihn nur zu packen kriegten; und dies — wegen
der garſtigen Zoten, mit denen das ganze Buch bemackelt
iſt. Man ſchlage nur im Regiſter die Artickel *Femina,
Petere, Pollutio, Semen* &c. &c. nach. R. P. Buſembaum ſah
wol die Folgen ſeiner Moral bei ſeinen jungen Leſern vor-
aus, abſolvirte ſie aber vorläufig: "Non obſtante periculo
pollutionis, licet ſtudere caſibus conſcientiae", Tom. I,
p. 150, num 481. . . . . Der Leſer ſchlage nach, und ſehe
mit eigenen Augen; ſonſt wird er dies Excerpt nicht glauben können.

4. Siehe oben **Reform der Mönche in Münſter**, Heft
XXXVII.

44. Exjesuiten.

Diese 3 Facta liegen in den unten folgenden beiden Responsis am hellen Tage. Bei deren aufmerksamen Durchlesung wird der unbefangne Leser noch bemerken, 1) daß die Concipienten derselben von allen den neuen feinen Entdeckungen, womit Engländer, Franzosen, und Deutsche die Moral bereichert, und ihr zuerst eine Gründung gegeben haben, an die weder Aristoteles noch alle seraphische Doctoren je gedacht haben, gar nichts wissen und gar nichts verstehen. Man sehe nur die zum Teil komische und Busembaumisch-sinnliche Art an, wie sie die neuen Ideen, Selbstliebe, Lust, Vergnügen, Triebe, GrundTrieb ꝛc., in ihrer Sprache ausdrücken (suarum appetitionum satietas, stimulus &c.) 2.) daß sie merere *Medium Aevums* Sätze, die außer ihnen niemand mer glaubt, so roh und zuversichtlich dahinstellen, als wenn solche noch alle Menschen glaubten (z. Er. von der Armut der heutigen Mönche, von der Gottesfurcht der Kreuzfarer ꝛc.): Sätze, welche jetzo noch, A. 1780, dem deutschen Publico zu bieten, eben so respectwidrig und gegen alle gute LebensArt ist, als wenn man einem ernsthaften bejarten Manne ein SteckenPferd oder einen KlappKäsel zu seinem Zeitvertreib präsentiren wollte. 3) daß sie in allem, was Geschichte heißt, unermeßlich unwissend sind: ein Unglück, das um so viel trauriger wird, weil gerade die neuen Sätze, über welche sie zu richten sich unterstehen, meist auf historischem Grund und Boden gewachsen sind, folglich eine mer als gemeine Kenntniß der Geschichte voraussetzen.

Und

XXXVII, S. 21. "In der SittenLere hatte man eine öde SchulTerminologie, Zänkereien, Distinctionen, wobei man sich unter einander nicht mer verstand, und eine trockene Abzälung der Scholastiker und Casuisten pro und contra, zur HauptSache gemacht ... Anstatt dieses unnützen Zeitverderbes, welcher der christlichen SittenLere so viel geschadet hat, sollen sie die natürlichen und offenbarten Warheiten im Zusammenhange studiren ...., und insonderheit den Menschen kennen lernen u. s. w.

Und endlich, 4) daß sie diese ihre auf so vielfache Art beurkundete leidige Unwissenheit, welche sie sonst nur zu Gegenständen gelerten christlichen Mitleids machen müßte, zur Verläumdung und Verfolgung andrer rechtschaffenen, wirklich gelerten, und zum Teil in allgemeiner Achtung stehenden, noch lebenden Männer, gröblich mißbrauchen.

Die nun folgenden 4 Aufsätze sind aus einer Druckschrift in 4°, ohne Titelblatt, von 27 Seiten, treulich nachgedruckt. Ein deutscher Mann aus einem katholischen geistlichen Lande hat mir solche zu dem Ende zugeschickt. S.

I.

Nos AVGVSTVS, Dei Gratia *Episcopus Spirenſis*, Eccleſiæ Principalis Weiſſenburgenſis Praepoſitus, Sacri Romani Imperii Princeps, Comes de Limburg Stirum &c. &c.

Ex quo, Deo ita diſponente, Epiſcopale Regimen ſuſcepimus; id pro muneris noſtri ratione in primis ſemper curis habuimus, ut doctrinæ tum in rebus Fidei tum Morum puritas, in Diœceſi noſtra, omni, qua licet, ratione, ſarta tacta ſeruaretur. Atque proin, ubi primum damnatus *Iſenbihlii* partus comparuit, ea de re non ſolum Facultatum Theologicarum, ſed & ipſius *Sedis apoſtolicae* ſententiam continuo expetiuimus, eandemque etiam, ubi primum a *ſumma Sede* lata fuit, in Diœceſi noſtra promulgari curavimus. Aliis etiam Decretis a Nobis editis, propoſitiones alias in Dioeceſi noſtra impreſſas proſcripſimus, eaque de re Clerum noſtrum univerſum monuimus.

Qua quidem in re id Nobis periucundum fuit, ab Illuſtriſſimo Domino *Nuntio*, literis ad nos *Colonia* die 28 Martii 1779 datis, non ſolum hanc noſtram agendi rationem prolixe probatam, ſed & dictas propoſitiones acerbiori adhuc cenſura notatas fuiſſe: aliisque die 6 Maii ejusdem anni officium noſtrum paſtorale, ad proſcribendam ex Gymnaſiis Catholicis Diœceſeos noſtrae ſcaturiginem

44. ErJesuiten I.

nem eiusmodi doctrinae, excitarum esse. . Literis propterea pastoralibus repetita vice doctrinae puritatem quam maxime commendauimus, editaque Constitutione Legem Concilii Tridentini, ne quid hisce in meteriis nisi praeuia venia approbationeque nostra typis ederetur, renouauimus.

Cum vero, insuper habita dicti Concilii Lege, & Constitutione nostra Dioecesana, imo etiam Legibus Imperii, a *Martino Wihrl*, Clerico nostro titulari & Philosophiae antea in Gymnasio *Badensi* Professore, Theses anno currente Badenae proteruia sane singulari typis mandarentur, atque earum quaedam denuo Nobis censura dignae viderentur: nihil prius Nobis fuit atque antiquius, quam ut de iis quoque judicium Facultatum Theologicarum Catholicarum *Heidelbergensis* & *Argentinensis* expeteremus; quae posteaquam ad Nos peruenerunt, ea uniuersae Dioecesi nostrae communicari volumus, atque hac occasione iterato seuerissimeque inculcamus, ne quis audeat vel e Cathedra vel alias quidquam docere, propugnare, asserere, quidquid ulla ratione doctrinae Catholicae, tum in rebus Fidei, tum Morum, puritati integritatique, que ex sacra Scriptura, Conciliis, Patribusque tanquam genuinis fontibus, haurienda est, aduersari videatur.

Cum vero quidam, nouaturiendi praecipue pruritu abrepti, ad effraenem hanc sentiendi libertatem sese abduci sinant: id cum Apostolo monemus, ne quolibet sese vento doctrinae circumferri, atque opinionibus utut elegantia quadam ad fucum & speciem illitis, inescari patiantur; repetimusque hac occasine, id quod inquit verbis grauissimis *Concilium Provinciale Moguntinum* 1540 in prooemio: "proinde uniuersos & singulos Pa-"stores, Parochos, & Concionatores, & Curatos . . . . "in Domino exhortamur, eisque districte praecipiendo "iniungimus, ut tum uniuersam *Christianam* doctrinam

juxta

"juxta receptum sanctorum Patrum & orthodoxae ac Ca-
"tholicae Ecclefiae fenfum, *vitatis noxiis nouitatibus &*
"*fufpectis opinionibus penitus omiſſis*, plebibus commiſſis
"fideli cura tradant".

Caeterum ea, que aduerfus dictum WIHRL de-
cernenda adhuc funt *, Nobis hifce expreſſe referuamus.

Dat. *Bruchfaliae* in Curia Noſtra Epifcopali, die 28
menſis *Decembris* 1780.

 AVGVSTVS   (L. S.)

Epifcopus & princeps Spirenfis.

* Aus Baiern ist mir geschrieben worden, daß Hr. Prof.
Wibrl aller seiner Würden entsetzt, und das Anathema über
ihn in der ganzen Dioces gesprochen worden. F.

II.

Lehrsätze aus der praktischen Philosophie, verteidigt von Franz
Anton Gall, aus Tiefenbronn, und August Schnitzler,
aus Steinbach.

Baden, den 16 März 1780. [S. 3 — 9].

Anfangs 21 Lehrsätze aus der allgemeinen praktischen
Philosophie, und dann 41 Lehrsätze aus der philosophischen
Sittenlere. Alle hieher zu setzen, ist nicht nötig: also nur
die mit Einem oder 2 Sternchen bezeichneten.

** XII. Selbstliebe ist der einzige ursprüngliche GrundTrieb
des Menschen.

* I. Erhalte beim Leben, und alles das, was zu deiner
Natur, und zur Vollkommenheit derselben, gehöret: ist die
GrundPflicht, welche die Vernunft einem jeden Menschen
gegen sich selbsten vorschreibt.

* II. Selbstmord kan in keinem Fall zur pflichtmäßigen
Handlung werden; wol aber Verstümmlung des Körpers.

*** VI. Zeitliche Güter verachten, wenn man sie rechtmäßi-
ger Weise haben kan, sie verschwenden, wenn man sie besitzt, ist allemal pflichtwidrig.

               XVI.

* XVI. Sei Menschenfreund mit Weisheit; erfülle keine Wünsche, welche gemeinschädlich sind; diene nicht einigen mit dem waren Schaden mererer; verursache kein solches kurzes Vergnügen, welches ein dauerhaftes Uebel erzeugt: hilf vorzüglich denen, mit welchen du näher verbunden bist; vergiß endlich deine eigne Wolfart nicht über die Vorteile anderer: sind vernünftige Arten, die bei der Ausübung der Pflichten gegen andre zu beobachten sind.

** XXII. Gründe, die wider die Vielweiberei streiten, haben von jenen, die für dieselbe angeführt werden, das Uebergewicht; gegen die Vielmännerei empört sich die Natur.

*** XXXIV. Aus vernünftigen Begriffen von Gott erhellet, daß Ehrfurcht, Liebe, Dankbarkeit, Anbetung, und Vertrauen auf Gott, die unmittelbarste Folgen der Selbstliebe sind.

III.

Iudicium Theologicum HEIDELBERGen*e* super quibusdam propositionibus, quæ continentur in Thesibus, Disputationi propositis Badenae 16 *Martii* 1780 sub titulo: **Lehrsätze** .... Steinbach. [p. 10-2*v*].

In priori parte *Thesis* XII hisce verbis concepta est: **Selbstliebe ist der einzige ursprüngliche Grundtrieb des Menschen.**

Expenditur sensus dictae Theseos.

Ob varias elabendi vias, quibus *amoris sui* defensores, tanquam anguilla manu pressa, euadere tentant, atque insuper ob specialem Emphasin., qua Auctor Thesium præter ac supra coeteros **einzig ursprünglichen Grundtrieb** posuit: eruendus ex sufficientibus momentis atque stabiliendus primum est dictae Theseos sensus, ut judicium aliquod definitum ac determinatum ferri queat. Itaque

I. Georgius Henricus FEDERVS, Professor Philosophiae Göttingae, quem ab Auctore Thesium suis discipulis hac in parte praelectum esse constat, in suo libro: **Lehrbuch der praktischen Philosophie** 4tae Edit. de anno 1776, p. 13. §. 7, ita describit **die Selbstliebe** (amorem sui):

sui): **Selbstliebe** heißt die **Eigenschaft** des **Menschen**, daß er sein **Vergnügen** und seinen **Nutzen** zu befördern strebe. Hoc est: Amor sui est *proprietas* hominis, qua *suam animi vel suarum appetitionum sat etatem, suam*que *utilitatem, promovere* nititur. Erit igitur amor sui, tanquam *proprietas*, aliquid *habituale* & *permanens*; objecta vero huius amoris, desideriorum & appetitionum satietas, & utilitatum augmentum, in quantum haec omnia *ipsi homini bona sunt*.

II. §. 2, pag. 7, idem FEDERVS ait, daß in **Rücksicht auf einzelne Arten von Begierden, der Wille Neigung, und in Rücksicht auf daher entspringende Arten innerer oder äußerer Tätigkeit, Trieb** genannt werde; h. e. quod comparate simpliciter ad desideria, Voluntati *propensionis*, comparate vero ad Actiuitatem, seu contentionem ea consequendi variam, in-aut externam, inde ortam, eidem *stimuli*, *impulsus*, *incitamenti* (des **Triebs**) notio tribuatur. Ab his, tum propensionibus, tum stimulis & incitamentis internis intra ipsam voluntatem existentibus, distinguit FEDERVS *motiva*, pag. 10 §. 5 inquiens: **die Beschaffenheiten der Dinge, um welcher willen sie begehrt und verabscheut werden, nennt man Beweggründe, Motive**; videlicet *motivi* rationem in ipsa *objectorum*, quae appetimus aut auersamur, conditione, haud vero in ipsa *potentiae appetentis* &c. affectione, constituens.

III Per το **Grundtrieb** quid intelligat auctor Thesium, ipse indicat Thesi 6ta: **Neigungen und Triebe sind entweder Grundneigungen, Grundtriebe, oder abgeleitete**; ubi ex oppositione fundamentalium propensionum & stimulorum cum *deriuatiuis*, indicat, stimulos aut impulsus *fundamentales* esse eos, unde reliqui deriuentur aut deducantur, atque adeo caeterorum in ortu *principium*, & in resolutione *ultimum*, in quod ea resoluantur & reducantur.

Quod demum IV. το **ursprünglich** in Thesi referendum sit *ad ipsum hominem*, & accipiendum pro aliquo homini cum

ipso

ipso ortu communicato & *congenito*, rursum liquet ex Fbdero cit. §. 8, b, pag. 20. Wenn wir . . . . den Trieb zur Beschäftigung so grad zu für einen ursprünglichen Naturtrieb annemen dürften ꝛc.; ubi τo ursprünglich, originarium, cum impulsu naturae, NaturTrieb, conjungit. Atque ita passim loquuntur hodiernae methodi Philosophi. Conferatur inter alios Dissertatiuncula: Selbstliebe und Sympathie, von Anton Rau, impressa Heidelbergae 1778, ubi pag. 18 circa med. exponitur der Trieb der Selbstliebe als ein von Gott in das Herz eines jeden gelegter unwiderstehlicher Trieb; & pag. 22 in conclusione, daß Selbstliebe ursprünglich in der Natur gegründet sei. Ac sane si quis τo ursprünglich non ad ipsum *stimulum* homini intrinsecum, sed ad *actiones* inde ortas, referre vellet, hae actiones *originarie* essent ex stimulo, non ipse stimulus *originarius*.

Ex his praemissis sequens supradictae Theseos XII sensus eruitur: videlicet, amorem, quo homo *suarum appetitionum satietatem*, & *suarum utilitatum incrementum* (in quantum haec presse ipsi supposito seu personae hominis bona sunt), prosequitur, esse originarium homini cum ipso ortu congenitum, & communicatum stimulum & impulsum suarum appetitionum & actionum, & quidem *fundamentalem* (GrundTrieb), siue caeterarum in ortu basin & fundamentum, in resolutione finem; hunc vero stimulum seu impulsum esse huiusmodi fundamentum unicum (einzig) a deo, ut *praeter eum* impulsus appetitionum & actionum originarius *alius nullus* existat, prout vel cujus Dialecticae tyroni, ex voculae *unicus* resolutista & resolutiua vi, manifestum est.

Censvra supradictae *Theseos* XII.

Auctor Thesium hanc suam XIImam Propositionem vel intelligit de *actuali Exercitio* humanarum appetitionum & operationum, ita ut de facto homines omnes in quauis appetitione, non alio nisi amoris sui stimulo & incitamento

agan-

agantur; vel eo fenfu, quod hic amor fui ipfius fit *princi-*
pium & *norma fundamentalis unica*, fecundum quam homo
quisque appetitiones & operationes fuas omnes ordinare,
eodemque referre *debeat*? Senfus enim praeter hos duos
alius, qui cum horum alterutro non coincidat, affignari nequit.

Si PRIMVM: falfo id & contra Experientiam afferitur,
neque *injuria* vacat erga tot clariffimos in omni republica
quouis tempore viros, Principes, reipublicae Adminiftros,
viros apoftolicos, qui amore in *Deum* ac proximum pleni, *fui-*
que penitus immemores, Dei gloriae ac proximorum felicita-
ti, vires, fortunas, famam, valetudinem, vitam ipfam, immolarunt, nihil fui ufpiam commodi refpicientes, fed eo fe unice
beatos reputantes, quod haec omnia Deo & proximo confecra-
re valuerint. Horum factorum exempla conquirere fuper-
uacaneum foret, cum pleni iis fint libri omnes, facri &
profani. Attendantur dumtaxat Apoftoli, feruientes pefte
infectis, profecti ad bellum facrum [1], S. Paulus cupiens effe
anathema pro fratribus fecundum carnem *&c.* Aut quinam
funt illi demum fententiae neotericae inuentores, aut pru-
rientes nouitatum fectatores, qui omnium ejusmodi piiffi-
morum ac ftrenuiffimorum virorum fenfum intimum eua-
cuare,

---

1. Daß jeder *Seruiens pefte infectis* ex amore puro handle, mag
hingehen: obgleich alsdann auch jeder Peftmedicus, und analog
auch jeder Dachdecker, Matrofe und Soldat, mit Einem Worte,
jeder der feinem NebenMenfchen mit LebensGefar dient, auf
diefe Vermutung Anfpruch machen könnte.

Aber ift das nicht beinahe blasphem, daß der UrtelsVer-
faffer hier die Kreutzfarer, diefen Auswurf der Europäifchen
Chriftenheit, diefe meift abfcheulichen Buben, die nicht amor
Dei purus, fondern die Beuter nach Rauben, Morden, und
Nothzucht, zum Kreuzlaufen ftimulirte, zu vollkommenen Hei-
ligen erhebt? Kennt derfelbe diefes Gefchmeiß nicht aus einer
Menge neuerer katholifcher und proteftantifcher Gefchichtfchrei-
ber? oder will er fie nicht aus diefen tennen lernen: fo
fchlage er den Mönch *Cafarius* von Heifterbach nach, der ein
Zeitgenoffe der Kreuzfarer war, und ihr damaliges fchändliches
Leben in Paläftina ganz umftändlich befchreibt. S.

44. Ex Jesuiten III.

cuare, aut eosdem tanquam Hypocritas ementitae in conspectu orbis fimulationes incufare, audeant? Non igitur, nifi *falfo* & *injuriofe*, dici poteft, *amorem fui* effe unicum & fundamentalem ftimulum aut incitamentum, quo homines *de facto* omnes in fuis appetitionibus & operationibus agantur.

Quodfi argutari quidem velint, omnes, quotquot Deo & proximo vitam & vires immolarunt, in hoc ipfo *bonum* aliquod *fui* velut *reflexum* inuenire: reponitur. Imo, huiusmodi bonum *reflexum*, pura voluptatem animi, conicientiae teftimonium, aut etiam utilitatem inde in fe ipfos redundantem *&c.*, effe aliquid *confequens* ipfam eiusmodi actionem, etfi antea de amore aut bono fui non cogitetur, neque illud intendatur, imo etfi quis contra omnem fui amorem aut commodum diferte proteftaretur. Aliunde proin nimirum ex *confcientia* recte facti, & cunformitate cum regula morum altiore, ficut ad quamlibet actionem laudabilem, bonum illud in iis cafibus confequitur; nequaquam vero ex *amore proprio*, qui tum a cogitatione, tum intentione operantis abeffe, imo ab hac excludi poteft. Hinc ulterius. IIdo non apparet, cui bono huiusmodi fubtilitates inanes, & reipfa falfae, per huiusmodi thefes *vernaculo* fermone promifcue omnibus etiam *indoctis* aut *femidoct s* in manus ingerantur; id quod *periculo* & *offendiculo* vacare non poteft.

Si vero POSTERIVS, ita ut fenfus Thefeos effet, *amorum fui effe un:cam & fundamentalem regulam*, fecundum quam homo quisque appetitiones fuas & operationes regere atque ordinare *debeat:* Thefis magis *falfa* & *perniciofa* erit, comparate tum ad *lus naturae*, tum ad *Reuelationem.* — Quoad *prius* confentiunt Doctores communiffime omnes, non folum Catholici, fed & Proteftantes, praecepta *Decalogi* effe mera *iuris naturali* praecepta, excepta unica circumftantia Sabbati in praecepto 3tio. Horum vero praeceptorum fummam diuinus Redemtor compendio complexus

plexus, & veluti ad suos fontes reducens, *Matth.* XXVIII. 37, inquit: *Diliges Dominum Deum tuum ex toto corde tuo ... Hoc est maximum & Primvm mandatum.* Secvndvm *autem simile est huic: Diliges proximum tuum sicut te ipsum*, ubi amor Dei appretiative summus (ex toto corde), proin etiam ultra quodcunque bonum & commodum amoris sui, dicitur Maximvm ac Primvm, alterum vero de dilectione proximi & sui, Secvndvm, & non tam aequale, quam simile priori. Ita diuinus Saluator; aliter vero Thesis loquitur. — *Reuelatam* vero doctrinam extra haec Decalogi praecepta si spectemus, *Luc.* VI 35 legimus: *mutuum date, nihil inde sperantes*, h. e. nullum inde amoris concupiscentiae bonum aut emolumentum spectantes; & *Matth.* V. 44: *Diligite inimicos vestros, & benefacite his qui oderunt vos, & orate pro persequentibus & calumniantibus vos* &c. Quae dilectio, beneficentia, & oratio pro inimicis, sicut sine reluctantis impulsus naturalis & amoris sui victoria fieri non possunt; ita amor sui, siue studium naturalis acquiescentiae, aut naturalis propensionis satietas, eorum regula & principium esse nequit. Plurima in hanc rem alia, ut hic tanquam in re manifesta, omittamus. Quodsi vero fortassis auctor Thesium sensum quoad hanc Thesin (idem est de pluribus aliis) alium intenderet, qui neque a versatis in doctrina morali & Theologia diuinando intelligi, neque ex *obuio verborum sensu & idiomatis proprietate* erui possit: hoc ipso *pernicies* ex tali docendi, thesesque *vernaculo* sermone enulgandi, methodo ineuitabilis & non ferenda, magis in aprico foret. Addi poteft, quod in hoc principio *amoris sui*, de se, neque omnia erga *proximum* officia contineantur, cum idea amoris sui perfecte intelligi queat ab que officiis *proximo* debitis, de quibus in idea *amoris sui* nihil penitus relucet; ac homo extra omnem societatem positus eundem sui amorem & sibi & deberet, & exercere teneretur; & quae ex eo pro statu socialitatis deducentur, robur & vigorem ex appetitio-

44. Ex Jesuiten. III.

tionum *propriarum* satietate, *propriaeque utilitatis* promotione, tanquam unico, primo, & fundamentali principio & fine, amitterent.

Itaque Thesis supra posita XII, sub omni consideratione, secundum dicta, respectiue FALSA, INIVRIOSA, IVRI NATVRAE & REVELATIONI CONTRARIA ac PERNICIOSA *judicatur*.

Ex SECVNDA Parte.

Thesis VI. Zeitliche Güter verachten, wenn man sie rechtmäßiger Weise haben kan, sie verschwenden, wenn man sie besitzt, ist allemal pflichtwidrig. Bona temporalia contemnere, si ea legitimo modo haberi possint, ea prodigere, si possidentur, nunquam non (siue pro omni casu, allemal) obligationi seu officio hominis aduersatur.

CENSVRA. Haec Thesis, ob additam particulam, *nunquam non*, siue pro omni casu, nulla ratione ferenda est.

Ut omittamus exempla Gentilium, e. g. *Cratis* Thebani [2], qui sola ratione duce felicitatem & quietem in voluntaria abdicatione potius, quam inter diuitiarum spinas, consectabantur: auctor Thesium exemplum domesticum ob oculos habuit in beato Marchione Badensi *Bernardo*, qui partem Marchionatus ad se deuolutam fratri suo *Carolo* donauit. De *Carolo* V, Imperium cum regnis abdicante [3], res est orbi uniuerso notissima. Religiosi omnes
volun-

---

2. Krates von Theben war ein Schweinigel, ein griechischer Satir: in keiner ehrbaren Gesellschaft sollte man seinen Namen nennen, noch weniger in einem Responso *theologico* den schmutzigen Menschen als ein Tugendbild aufstellen. Man sehe die Stellen der Alten von ihm, die Bayle und Brucker gesammlet haben. Lezterer will ihn zwar verteidigen, aber er tut es blos durch Ablaugnen. S.

3. Ei ei, Kf. Karl V? kommt auch unter die Heiligen? wegen seiner Abdankung? — Jeden Thron, in allen Fällen, so
schlecht

voluntarie bonis, tum habitis, tum juri ad illa, & capacitati etiam, per votum ^{4} renunciant. Suadet id & probat diuinus Saluator *Matth.* XIX. 23: *Si vis perfectus esse, vade, vende quae habes & da pauperibus, & habebis thesaurum coelo.* An haec omnia contra rationes officii & conscientiae?

                                                                    The-

---

schlechtweg für ein bonum naturale zu halten, ist schon eine MönchsIdee, die außer der Klause ihre große Einschränkung bekommt. Aber bei Karl V kam vollends seine Abdankung aus ganz andern Ursachen, als dem philosophischen oder christlichen contemtu bonorum naturalium, her, wie schon die jungen Leute in Mainz aus Hrn. Müllers Lehrbuch wissen. Auch mag hiezu nicht wenig die Unbäßlichkeit beigetragen haben, gegen die er la diette *du bois les Indes* (nach Vandenesse's Ausdruck) brauchen mußte. "In der Geschichte hätte der Concipient die menschlichen Handlungen mit Muße beobachten, u. ihre Triebfedern und Folgen untersuchen sollen; so hätte er die Anwendung der psychologischen Wahrheiten dabei leichter lernen können": nach Fürstenbergs Rat, oben Heft XXXVII. S. 23. S.

    4. "*habitis*", aber nicht *habendis* bonis, renunciren die heutigen Mönche bekanntlich, man spaße nur mit RedensArten nicht. Eine solche Renunciation aber braucht weder Philosophie noch Christentum; vielmer gewinnt Fleisch und Blut dabei, wie sich arithmetisch erweisen läßt. Wer sein $-$auß verläßt, das gar keinen Keller hatte, und ein anderes bezieht, wo mer Stückfässer zu seinem Gebrauche liegen, als er vorhin Bouteillen hatte: ist das ein contemtor, oder ein appetitor, bonorum naturalium? Und ein Pariser Gelerter, der seinem Capitälchen von 20000 Livres renuncirt, d. i. es dem State (auf LeibRenten) hinopfert, sich aber 2, 3mal soviel reine Einkünfte ohne alle Arbeit lebenslang bedingt, als ihm sonst sein Vermögen mit Arbeit, Sorgen, und Gefar, eingebracht hätte: so ein Mann, verachtet der pflichtwidrig zeitliche Güter? Nicht doch, er liebt sie herzlich.

    Der Satz, daß die heutigen Mönche freiwillige arme Leute seien, ist wie der Satz, daß die kleinen Kinder aus dem Brunnen kommen. Letzteren den Kindern vorzusagen, mag seinen Nutzen haben; aber in eine Physiologie gehört er nicht. S.

44. Ex-Jesuiten III.

* Thesis itaque, ut posita est, quoad primam partem est PESSIME SONANS, PIORUM SENSUI, VERBO DEI, ET CONSILIIS EVANGELICIS CONTRARIA, HAERESIN SAPIENS, ac DOCTRINAE HAERETICORVM, RELIGIOSORVM VOTA IMPROBANTIVM, fauens.

Thesis XXXIV. Aus vernünftigen Begriffen von Gott erhellet, daß Ehrfurcht, Liebe, Dankbarkeit, Anbetung, und Vertrauen auf Gott, die unmittelbarsten Folgen der Selbstliebe sind. Ex rationabilibus de Deo ideis clarescit, quod *timor reuerentialis, charitas*, gratitudo, *adoratio*, fiducia in Deum, IMMEDIATISSIMAE sequelae sint *amoris sui*.

ANTE CENSVRAM praemittuntur sequentia.

I. Idea quam maxime rationabilis & perfecta de Deo est, non modo, quod sit summum *nostrum* bonum, & finis ultimus, remunerator ac vindex, sed & praecipua ac velut characteristica, quod sit *Ens in se ipso*, summe perfectum, in omni genere perfectionis infinitum; atque *propter se ipsum* omni amore, cultu, adoratione dignissimum.

— Ex utroque hoc conceptu consurgit *maxime rationabilis*, quia *adaequata*, de Deo idea, in qua saltem *bonitas* Dei *absoluta & in se*, minime negligi aut excludi, imo tanquam dignior & primaria, praecipua attentione, prae bonitate *respectiua* & *quoad nos*, expendenda est.

II. Duplex haec in Deo *bonitas*, *respectiua* altera, & comparate ad nos, altera *absoluta* & in se, duplicem fundat in creatura rationali amorem erga Deum: alterum *concupiscentiae*, in quantum *nobis* bonus est, alterum *benevolentiae* & dilectionis *purae*, propter ipsas perfectiones internas sine ulla ad bonum nostrum proprium attentione.

III. Actus uterque amoris, *concupiscentiae & beneuolentiae* (uti actus quicunque specie diuersi), differunt secundum & per suum *motiuum formale*, propter quod scilicet actus

actus quicunque elicitur, & per quod in hac praecise specie potius, quam in alia, conftituitur. Sequitur, amorem *concupiscentiae* per bonitatem Dei *respectiuam* differre ab amore *beneuolentiae*, qui pro motivo habet bonitatem Dei abfolutam. De timore reverentiali & adoratione idem fere eft, quod de amore puro, dum & timor reverentialis in fuo motiuo non refpiciat timentis malum, fed preffe eius, qui timetur, offenfam, difplicentiam, aut contriftationem, adoratio vero praecife internam fummi Entis excellentiam.

IV. Praemittitur tanquam certum ex propofitione damnata inter Bajanas 36ta: amorem etiam naturalem beneuolentiae etfi non fupernaturaliter de fe meritorium, ex viribus naturae poffibilem effe. Propofitio 36ta Baii fic habet: *Amor naturalis, qui ex viribus naturae oritur, ex fola Philofophia per Elationem praefumtionis humanae cum injuria Crucis Chrifti, defenditur a nullis doctoribus.* Conftat vero, Baivm non impugnaffe amorem concupifcentiae, quem reipfa admifit, etfi erronee tanquam malum ftatuerit; proin dicta propofitio refpicit amorem naturalem benevolentiae.

V. Sequi unum ex altero *immediate*, eft, aut pofito uno poni alterum, aut cognito uno absque ulteriori cognitionis medio aut difcurfu cognofci alterum. Lemmatis huius veritas ex Metaphyfica & inductione conftat, cum omnis fequela refpicit aut nexum *rei* cum *re*, aut *cognitionis* cum *cognitione*, & quidem, ut fequela fit *immediata*, absque ullo alio intercedente medio. Patet hinc, quid fit fequi *immediatiffime*; fcilicet, ut inter unum & alterum nihil penitus nec re neque cognitione intercedere poffit aut debeat.

VI. Obferuatur demum in Thefi dicta XXXIVta, cum auctor Thefium *generatim* charitatem ponat tanquam *genus*, & nullam partem fubiectiuam, h. e. neque amorem concupifcentiae neque beneuolentiae, *excipiat*: de utroque Thefin accipiendam effe, cum ubi genus ponitur, fpecies non excipitur, fpecies omnes fubiectae inclufae intelligantur.

Ex

Ex his sequitur, Thesistam, nisi quadrata retundis miscere velit, aut linguam loqui sanae Philosophiae & Theologiae ignotam, in Thesi praesente XXXIV. ponere hunc sensum: „Sequi *ex amore* sui, timorem Dei reuerentialem, amorem &c., posito amore sui, hoc ipso & immediate *poni*; aut *cognito* amore sui, *cognosci* absque alio cognitionis medio amorem Dei, etiam purum, & timorem reuerentialem &c., & hanc porro sequelam *clarescere* & *apparere* ex *rationabilibus* de Deo ideis.„

CENSVRA.

Quicunque ex his sensibus assumatur, FALSA multipliciter deprehenditur Thesis haec XXXIV.

Falsum est I^{mo}, *posito actu amoris sui ipsius* poni actum *amoris Dei, timoris reuerential s, adorationis*; cum *formale motivum* amoris sui (ex dictis ad Thesin XII Partis primae) sit *propriarum appetitionum* & utilitatum ratio; amoris vero Dei (saltem puri), timoris reuerentialis, adorationis motiua ratio & specifica, quodcunque proprium hominis Bonum non attendat, sed ab eo plane abstrahat, & pro motiuo proprio internas & *absolutas* Dei perfectiones habeat.

Falsum similiter II^{do}, *cognito* actu *amoris sui*, cognosci hoc ipso *immediate*, & absque alio medio, actum amoris Dei, timoris reuerentialis, adorationis, cum idea amoris sui secundum suam extensionem & comprehensionem (ex Thesi XII Im^æ partis mox citata) pro motivo praecise hominem & *proprium* eius bonum respiciat. Non igitur relucet in hac idea amor Dei *secundum se*, timor reuerentialis, adoratio; quae nullum in sui idea & motiuo bonum hominis, sed perfectiones Dei absolutas in se ipso, important.

Falsum III^{tio}, ex ideis Dei *rationabilibus* relucere hanc sequelam *immediatam*. Non enim ex *idea* Dei, ut in se *summe perfecti;* quis enim ferat hanc immediatam illationem: Deus est ens *in se* summe perfectum, & propter se

omni amore, adoratione &c. dignissimum; igitur ex hac
idea relucet, ex amore sui *immediatissime* sequi amorem Dei,
timorem reverentialem, adorationem? Non ex idea Dei
remuneratoris ac *vindicis* & ut *nobis boni*. Quodsi enim
discursum quis velit ita instrui: „Ex idea Dei patet, quod
„sit remunerator, vindex, & ab eo pendeat mea felicitas;
„ergo si amo me ipsum, debeo Deum amare,„; verus quidem erit discursus, at non sequetur *immediate* officium amoris *perfecti*, etiam naturaliter Deo debiti, adorationis &c.
quae fundantur immediate in perfectionibus diuinis *in se*.
Altius igitur progrediendum & nouis mediis cognoscendum,
Deum, nullo etiam attento & insuper habito quocunque bono nostro, in se & propter se, esse amore, timore reverentiali, & adoratione dignissimum; quod sane non est, IMMEDIATISSIME ex ideis Dei elucere, quod amor Dei &c.
sint *immediatissima* sequela amoris sui.

Addendum IV^{to}, si sua huic Thesi veritas constaret,
nullum unquam existere posse actum amoris etiam naturalis
puri (contra Propositionem B a i i damnatam nuper citatam): nullus enim actus est sine *proprio* & *specifico* sui
motivo.

Quodsi itaque *amor sui*, ex hac Thesi XXXIV sit *immediatissimum* principium & fons amoris Dei (etiam puri),
timoris reuerentialis &c., & quidem ex Thesi XII Imae
partis, principum seu incitamentum fundamentale *unicum*
omnium appetitionum & operationum hominis, motivum
vero amoris sui presse & adaequate absolvatur satietate appetitionum & utilitatum incremento, in quantum haec *ipsi*
homini bona sunt, (uti ad eandem Propositionem XII Imae
partis num. 1 animaduersum est): nuspiam sane apparet,
vnde existere possit, atque in actum aliquem amoris Dei influere motiuum perfectionum divinarum *in se* ab omni bono
hominis de se abstrahens & depuratum; aut cum hac Thesi
XXXIV^a falsa similiter erit & Thesis XII Imae partis, uti revera falsa, & caeterorum plurium in supra dicta scriptiuncula

la velut fons & bafis dicenda eft: utraque vero utriusque Thefeos affertio cum *finis Philofophiae & Theologiae principiis* componi haud poffe dignofcitur.

Ex omnibus per fingulas Propofitiones hactenus allatis refultat haec CENSURA SVMMARIA:

Quod in thefibus hactenus difcuffis contineantur afferta rerefpectiue FALSA, INIVRIOSA, MALE SONANTIA, & PIORVM OFFENSIVA, IVRI NATVRAE & VERBO DEI CONTRARIA, HAERESIN SAPIENTIA, & DOCTRINAE HAERETICAE FAVENTIA, prout ad fingula dicturum Thefium capite & argumenta animaduerfum eft.

Non intendit tamen Facultas Theologica, hac fua Cenfura caetereas Propofitiones omnes, in fupra nominata Scriptiuncula contentas, & in hac Cenfura praetermiffas, ulla ratione approbare; ex quibus plures tanquam obfcurius, indefinite & ambigue pofitae, uti a probati Doctoris aut Profefforis charactere & methodo abeffe deberent, Ita feueriori adhuc Examini ulterius, & refpectiue judicio, obnoxiae funt.

Actum *Heidelbergae* die 28 Nov. 1780.

Ita unanimi Calculo fentiunt

(L. S.) Decanus, Profeffores & Affeffores Facultatis Theologicae ex parte *Catholicorum* Heidelbergae.

IV.

Judicium Theologicum ARGENTINENSE
[pag. 21 — 27].

Nos infra fcripti a S. Facultate deputati ad Examen Thefium *germanice-confcriptarum, de Philofophia practica tractantium, & difputationi publice propofitarum in Scholis*

lis Baadenfibus *a F. A.* Gall *ex Tiefenbrunn, & A.* Schnitzler *ex Steinbach, ad diem* 16 Martii 1780, quas ad S. Facultatem Argentinenſem *direxit* CELSISSIMVS *ac* REVERENDISSIMVS PRINCEPS EPISCOPVS SPIRENSIS, *easdem legimus, & circa quasdam Propofitiones judicium noſtrum tulimus* sequenti *modo.*

Pag. 5. Thefis XXII fic habet: *Amor fui eſt unicus ab ortu inditus ac fundamentalis impulſus hominis.*

Haec Propofitio, quatenus dicit, hominem nihil unquam agere, nifi ex amore fui, Experientiae contradicit. Plurimi enim, absque ullo fui amore proprio, fe ipfos morti obtulerunt pro falute proximi, pro defenfione Patriae, pro veritatis affertione, pro fidei integritate. Nec enim quis dicet, S. Paulum Apoftolum ex amore fui egiffe, dum ad *Rom.* IX. 3. dicit: . . . *Optabam enim ego ipſe anathema eſſe a Chriſto pro fratribus meis, qui ſunt cognati mei ſecundum carnem* . . . Hinc propofitio in hoc fenfu fumta eft FALSA.

Quatenus vero diceret, Amorem fui effe principium & originem unicam actionum humanarum, ita ut actiones, quae ex proprio hominis amore non nafcuntur, fint malae, vel imprudentes, & quafi contra naturam hominis: Propofitio haec eft ERRONEA & HAERESI PROXIMA. Sequeretur enim ex hoc Propofitionis fenfu, vel malum effe, vel imprudentem effe, vel omnino etiam impoffibilem, Amorem Dei fuper omnia, qui conciperetur ex fola confideratione Dei in fe fumme boni, fumme perfecti, fumme amabilis, absque ullo ad nos refpectu.

Quatenus dicta Propofitio ex fenfu auctoris (FEDERI, Profefforis Goettingani) dicere videtur, hominem ita impelli ad agendum ex amore fui, ut in omnibus actionibus fuis appetituum naturalium fatietatem ac propriam tantum utilitatem quaerere debeat: haec propofitio eft OMNIS DO-

44. Ex Jesuiten. IV.

DOCTRINAE MORALIS EVERSIVA [5], & concordat cum placitis EPICVRI, SPINOSAE, HOBBESII, HELVETII, ROUSSOVII, aliorumque Philosophastrorum [6], & consequenter IMPIETATI fauet.

Pag. 7. Thesis I sic sonat: *Conserva tuam vitam* [*]. *& omnia, quae spectant ad naturam tuam eiusque perfectionem; hoc est fundamentale officium, quod ratio cuilibet homini erga se ipsum praescribit.*

Haec propositio, quatenus asserit, primarium & fundamentale hominis officium esse, ut vitam suam conseruet, est FALSA [7] & VERBO DEI CONTRARIA.

C 5   I.

---

5. „*Omnis doctrinae moralis euersiua*„ sollte die neue Moral seyn? Von der alten JesuiterMoral, *notamment* von Busembaum, sagt das Arrest de la Cour du Parlement rendu le 6 Août 1761 contre la Société des Jesuites en France p. 5: „seront lacerés & brûlés en la Cour du Palais, au pied du grand escalier d'icelui, par l'Exécuteur de la Haute-Justice, comme seditieux, *destructifs de tous principes de la Morale Chrétienne*, enseignant une Doctrine meurtriere & abominable &c. &c. S.

6. Mit Philosoph*aster* wirft der ächte Busembaumianer (nicht Busembaumi*aster*) unten noch ein parmal um sich! — Man bemitleide den Jameos, der nicht über 5 jälen kan. Man verzeihe ihm auch, eben weil er ein armer Jameos ist, wenn er den InfinitesimalRechner einen Arithmetikaster nennt. Aber wenn er diesen gar mißhandeln will, wer braucht das zu leiden? S.

* Eben diesen Satz leret schon seit mer als 7 Jaren Hr. Prof. Steinacher in Würzburg. Ein benachbarter — wollte an diesem jungen Lerer zum Ritter werden, und machte ungefer eben solche LuftStreiche, wie hier der Concipient; aber Hr. Steinacher parirte sie aus, und sein erleuchteter Bischof, beraten von dem berümten Hrn. Michael Ignaz Schmidt (den man von seinem minder bekannten Bruder, einem Exjesuiten in Bruchsal, wol unterscheiden muß) hieß den rüstigen — sein theologisches Messer beistecken. Und seitdem geht Hr. Steinacher seinen Weg ungehintert fort. F.

7. Der Leser übersieht doch das FALSUM nicht, das der
von

I. FALSA; quia pro salute proximi, patriae defensione, veritatis assertione, vitam profundere licet, & aliquando ex officio illam proiicere tenemur.

II. VERBO DEI CONTRARIA. *Christus* enim ipse ait *M.itth.* X. 28... *Et nolite timere eos, qui o cidunt corpus, animam autem non possunt occidere; sed potius timete eum, qui potest & corpus & animam perdere in ge hennam*.... Hinc officium fundamentale hominis est salus animae, vel adeptio finis ultimi, ad quem creatus est.

Ex hac Censura sequitur, FALSAM esse quoque II^{dam} partem Thesis V pag. 8. [Der Mensch ist überhaupt verbunden zur bestmöglichsten Sorge für seine innere Vollkommenheiten, hauptsächlich aber für diejenige, die ihm als Mensch betrachtet, in allen Fällen, und in Beziehung auf die längste Dauer seines Daseyns, die wichtigsten sind].

Pag. 7 eadem, Thesis II sic sonat: *Suicidium in nullo casu potest esse actio offi.io conformis, potest tamen talis esse mutiliatio corporis.*

Haec propositio, quatenus dicit tantum, quod suicidium nunquam possit esse actio facta ex officio, vel ei conueniens, posset dare occasionem judicandi, hanc actionem, licet non posset esse ex officio, non tamen esse contra officium, sed penitus *indifferentem*, quod asserunt communiter hodierni Philosophastri, adeoque favere posset suicidio, quod non satis prohibet: est ergo MALE SONANS.

Pag. 8. Thesis VI sic sonat: *Contemnere bona temporalia, dum legitime haberi possunt, illa prodigere, dum possidentur, semper est contra officium.*

Haec propositio, quatenus dicit contemtum bonorum temporalium, quae legitime acquiri & possideri possent, esse officiis contrarium, est FALSA, PIARAM AVRIVM OF-
FEN-

---

von einer FALSA *propositione* sprechende Concipient hier begeht, in dem er *vitam* allein setzt, und das unmittelbar damit verbundene ausläßt? S.

44. ErJesuiten. IV.

FENSIVA, ERRONEA, SCANDALOSA, & HAERE-
TICA.

I. FALSA; quia & inter Paganos *Crates* [8], *Thales*, *Bias*, aliique Philosophi, meritam apud omnes laudem ex spretis diuitiis habuerunt; universalis autem haec omnium de eis aestimatio nunquam lo. um habuisset, si contra aliquod officium egissent opes contemnendo. Nec *Epicteti* dictum laudaretur apud Stobaeum: . . . Non paupertas dolorem parit, sed cupiditas; neque diuitiae metu liberant, sed ratio. Ratione igitur exculta nec diuitias optabis, nec paupertatem reprehendes.

II. Est PIARVM AVRIVM OFFENSIVA; nunquam enim Christiani in animum sibi inducent, Christum ipsum, primos fideles, Sanctosque per singula saecula innumeros, contra officium egisse, dum bona temporalia contemserunt.

III. Est ERRONEA; quia veritas est catholica, paupertatem Evangelica a Christo ut Consilium perfectionem christianam adipiscendi esse propositam, secundum id quod legitur in Euangelio secundum *Lucam* XII. 33: . . . *Vendite, quae possidetis, & date Eleemosynam; facite vobis facculos, qui non veterascunt, Thesaurum non dificientem in coelis, quo fur non appropiat, neque tinea corrumpit: ubi enim Thesaurus vester est, ibi & cor vestrum erit.*

IV. Est SCANDALOSA; quia haec propositionis doctrina populos induceret a condemnandos [9] omnes Ordines

---

8. Vom Krates s. oben S. 231. Thales und Bias kommen eben so unhistorisch hieher. Ueberhaupt kommt bei solchen Handlungen alles auf die *Intention* an (sonst eine Lieblingsidee der JesuiterMoral): aber diese kan gewöhnlich keine historische Facultät entscheiden, noch weniger eine theologische, sondern allein der, der Herzen und Nieren prüfet. S.

9. Nicht doch! So lange noch katholische Fürsten die Amortisationsgesetze nicht als nunötig aufheben, und sich noch immer dem *amplius Domine* entgegen setzen müssen; wird es wol niemanden in Sinn kommen, die Klöster für Verächter zeitlicher Güter auszuschelten.

nes Religiofos [10], in quibus votum Paupertatis Euangelicae emittitur.

V. Demum eſt HAERETICA; quia ſi admitteretur praedictae propoſitionis doctrina, euidenter ſequeretur, Chriſtum Dominum noſtrum voluiſſe ſuadere actionem officio contrariam juueni illi, ad quem dixit *Matth.* XIX. 21: *Si vis perfectus eſſe, vade, vende quae habes, & da pauperibus, & habebis Theſaurum in coelo; & veni ſequere me.* Contradicitque DEFINITIONI ECCLESIAE circa votum paupertatis.

Pag. 10. Theſi XVI, poſt aſſignata quaedam officia erga proximum additur: *Denique ne obliviſcaris proprii tui boni, vel propriae utilitatis, promouendo aliorum commoda.* - Haec propoſitio, quatenus dicit, hunc prudentem modum eſſe obſeruandum, ut aliorum commoda noſtris non praeferamus, innuit illud, quoddam genus eſſe officii, & ſic MALE SONAT; cum diuus Paulus certe non peccauerit contra ullum officii genus, ſcribens in 2 *Corinth.* XII. 14. ſqq.: *Ecce tertio hoc paratus ſum venire ad vos, & non grauis ero vobis; non enim quaero, quae veſtra ſunt, ſed vos, non enim debent filii parentibus theſaurizare, ſed parentes filiis, ego autem lubentiſſime impendam & ſuperimpendar ipſe pro animabus veſtris, licet plus vos diligens, minus diligar.*

Pag. 11. Theſi XXII dicit: *Rationes contra Polygamiam pugnantes ſuperiores ſunt iis, quae in eius fauorem afferuntur.*

Haec

---

10. Aber wenn nun alle Menſchen zeitliche Güter verachtet hätten; wie wären dann die Klöſter reich geworden? Wer nichts ſammelt, hinterläßt nichts, kan alſo nichts teſtamentiren. Weit gegründeter alſo wäre folgende Theſe, in dem Style des Reſponſi ausgedruckt:

IV. Eſt valde PROFITABILIS; quia haec propoſitioni doctrina populos capabiles reddidit ad pingnefaciendos Ordines Religioſos. S.

Haec propofitio eft MALE SONANS; neque enim hoc fufficit ad inftructionem alicuius hominis & praefertim Chriftiani[11]: nam ex hac propofitione fequeretur, quod haec fententia, homo non poteft fimul habere duas uxores, fit tantum probabilior fententia oppofita, cum ex ratione, & praefertim ex euangelio, dicta fententia fit omnino certa. *Matth.* enim XIX. 4. Chriftus ait ad Pharifaeos:... *Non legiftis, quia qui fecit hominem ab initio, mafculum & feminam fecit eos, & dixit: propter hoc dimittet homo patrem & matrem; & adhaerebit uxori fuae, & erunt duo in carne una. Itaque jam non funt duo, fed una caro...* Quod pariter docuit Apoftolus adhuc expreffius in Ep. ad *Ephef.* V. 31.

Pag. 14. Thefis XXXIV fic habet: *Ex rationabilibus de Deo conceptibus patet, quod Reuerentia, Amor, Gratitudo, Adoratio, & Fiducia in Deum immediatiffime fequantur ex amore fui.*

Haec propofitio, quatenus afferit, *immediatiffimam* effe connexionem inter amorem fui ceu caufam, & amorem ac adorationem Dei tanquam effectum, fanae Theologiae & Philofophiae contradicit.

I. SANAE THEOLOGIAE; communis enim eft Theologorum imo unanimis doctrina, Deum a nobis diligi poffe propter infinitas, quas ab aeterno in fe habet, perfectiones, talisque amoris actus, qui *purus* dicitur, & a plerisque actus Charitatis perfectae vocatur, fieri poteft absque ullo actuali ad nos ipfos refpectu.

II Contradicit dicta propofitio SANAE PHILOSOPHIAE; fi enim inter amorem fui & amorem ac adoratio nem Dei fit immediatiffima connexio: quicunque habet amorem fui, feu quicunque amat fe ipfum, deberet neceffario amare eo ipfo & adorare Deum. Atqui omnes Philofophaftri

---

11. Aber auf dem Titel oben S. 224 ftand ja: LehrSätze aus der philofophifchen Sittenlehre! S.

ſtri noſtrae aetatis habent amorem ſui, eumque tanquam baſin & fundamentum omnis doctrinae moralis depraedicant; & tamen plures ex iis nec amant nec adorant Deum, cuius Exiſtentiam quidam etiam impugnant. Inter coeteros conſulatur Auctor *ſyſtematis naturalis* [12], qui P. I, pag. 134. fuſe probare nititur, omnem hominis ſcopum, omne punctum, omnium officiorum baſin, in hoc eſſe, ut homo ſe conſeruet, ſuamque exiſtentiam facilem reddat. En certe *amor ſui!* Pagina tamen immediate ſequente (135 ſcilicet) aſſerit, Deum eſſe Ens chimaericum, ad cuius quoque deſtructionem omne opus ſuum conſcripſit.

Praedicta ergo Theſes germanicae continent Propoſitiones reſpetiue FALSAS, ERRONEAS, MALE SONANTES, PIARVM AVRIVM OFFENSIVAS, SCANDALOSAS, DOCTRINAE MORALIS EVERSIVAS, VERBO DEI CONTRARIAS, HAERESI PROXIMAS, HAERETICAS, & IMPIETATI FAVENTES. Dum autem citatas Propoſitiones cenſurae ſubiicimus, non intendimus alias in praedictis Theſibus contentas approbare.

Nec excuſandus videtur Theſium auctor ex eo, quod Philoſophiam practicam ex ratione tantum doceat. I° enim docet iuuenes Chriſtianos, adeoque Moralis philoſophica ex Reuelatione deberet perfici. II^{do} ratio ipſa Religioni debet

---

12. Schaubericht iſt es freilich, daß die Vertheidiger des Grundtriebs mit dem Verf. des *Syſtême de la nature*, wie hier klar bewieſen wird, harmoniren! Aber, mir dünkt, der Verf. dieſes abſcheulichen Buchs, glaube auch, daß 2 mal 2 4 ſei; und ich vermute, der Concipient dieſes Urteils glaube es auch: iſt er alſo nicht in gleicher Verdammniß mit den Vertheidigern des Grundtriebs? — Alte Pfeile, aus der Rüſtkammer des heil. *Officii*, in Gift getunkt, das aber durch die Länge der Zeit ſeine Mordkraft verloren hat! S.

44. Er-Jesuiten. IV.

debet famulari [13], adeoque ex ratione nil poteſt doceri reuelationi contrarium. Illº doctrina ex ratione petita, ſi Euangelio contradicat, vera eſſe non poteſt, cum veritas veritati non opponatur.

Neque approbamus vsvm, has quaeſtiones tractandi sermone vernacvlo, unde rudibus multiplex scandali [14] occaſio dari poteſt. — Praeterea Iuuenes Philoſophiae ſtudentes plerique omnes ad altiora deſtinantur ſtudia, S. nempe Theologiae, vel Iurisprudentiae, vel Medicinae, quae cum latino idiomate tradantur, utilius & conuenientius iuuenes in Philoſophia eadem lingue imbuerentur.

Atque ita ſentimus, & in huius Iudicii fidem ſubſcripſimus.

Argentinae 19 Decemb. 1780.

A.

---

13. Uralt iſt der *Floſculus*, und auch philoſophiſch richtig: die Vernunft muß der Religion famuliren, — wie Augen und Hände dem Wundarzte. Wer wollte, oder könnte, ſich dann von einem blinden und lahmen Operateur operiren laſſen?

Die Religion ſteckt in unſern heiligen Büchern: um dieſe zu verſtehen, dazu gehört *ratio* (Menſchen Verſtand, der feltebden Talmudiſten, daher kam dieſer ihre mer als Scholaſtiſche Moral), und noch etwas mer, — eine geſunde Auslegungskunſt; auch dieſe erfodert Menſchen Verſtand, und unzählige andre gelerte Kenntniſſe. Wer die nicht hat; ſchmähet unſre ehrwürdige Religion, und giebt gottesläſterlich ſeine eigene Grillen für Leren der Gottheit aus. S.

14. Dem Concipienten mag hier Buſembaum im Sinne liegen: der kan freilich nicht einmal lateiniſch von Jünglingen *sine periculo* .... geleſen werden: was würde erſt geſchehen, wenn man ihn deutſch überſetzte? Aber die neueren Moral Philoſophen ſind keine Zotenreiſſer. S.

A. HIRN, S. Theol. Doctor & Professor, Seminarii Director, & ad S. Petrum Seniorem Canonicus & Scholasticus.

FR. ANT. BRENDEL, S. Theol. & Iur. Canon. Doctor, huius Professor, ac ejusdem Facultatis Syndicus.

FR. PHIL. LOVIS, S. Theol. Doctor ac Professor, S. Facultatis Syndicus, Eminent. Archi-Ep. Elect. Mogunt. Consiliarius Ecclesiasticus, Summi Chori Ecclesiae cathedralis Argentinensis praebendarius.

F. G. GERBER, S. Theol. Doctor & Professor.

Praesens Censura a Deputatis exarata, in Comitiis extraordinariis, die 21 *Dec.* 1780, lecta fuit, & unanimi suffragio approbata, quod & subscriptione nostra, & appensione maioris Sigilli, testamur.

Argentorati die 22 *Dec.* 1780.

Nomine & loco totius S.
Facultatis
FRANC. PHIL. LOVIS. S.
Theologiae Doctor & Professor,
S. Facultatis Syndicus, almae
Uniuersitatis Procancellarius.

(L. S.)   LANTZ, Rector Uniuersitatis

MEYER Secretarius.

V.

Schreiben an den Herausgeber, von Hrn. Prof. Feder.

Ewr. danke ich ergebenst für die Mitteilung des mich mit betreffenden Spierschen Impressi; ob ich gleich nicht sagen kan, daß es mir Freude gemacht hat. Denn so leicht es mir ist, beim JournalistenTadel ruhig zu bleiben; sollte auch einer von diesen Herrn, daß ich nicht die ersten Begriffe von der Logik verstehe, mit Collegialischer Freimütigkeit mir zu erkennen geben: so wenig ist es mir gleichgültig.

tig, was Obrigkeiten von der Gemeinnützigkeit oder Schädlichkeit meiner Schriften denken mögen. Zwei theologische Facultäten in Pontificalibus verurteilen mich zu gleicher Zeit aufs härteste; indem die eine zu verstehen gibt, die andre aber trocken heraussagt, daß in meinem Lehrbuche Sätze stecken omnis doctrinae moralis euerfiuae, Epikurische, Spinoziſtiſche ꝛc., die Gottloſigkeit begünſtigende Leren! Dieſe Ausſprüche werden unter Biſchöflicher Auctorität publicirt? Dabei ſich ruhig verhalten, würde eine ſchlimme Sache, oder Mangel der Achtung gegen theologiſche Facultäten, oder Mangel der Achtung gegen ſich ſelbſt, verraten. Zwar iſt bekannt, daß ſolche Urteile hundertmal über ungleich verdientere Gelerte gefällt worden ſind, und nichts geſchadet haben. Und ich könnte beſonders diesmal — in meinem Herzen wenigſtens — von dem B. v. Sp., der dieſe Facultäten-Ausſprüche durch ſein Sigel zu bekräftigen, ohne allen Zweifel in einer ſehr guten, ſeines hohen Amtes würdigen Abſicht, ſich hat bewegen laſſen, an den B. v. Sp., von dem die Welt den vortrefflichen Hirten Brief vor einigen Jaren erhalten hat, appelliren. Aber die gegenwärtige Sache iſt in mancher Rückſicht für mich, und, ich darf hoffen, für den Freund der Warheit und der Aufklärung unſers gemeinſchaftlichen Vaterlandes überhaupt, wichtiger, als ſie unter andern Umſtänden ſeyn würde *.

Ueberhaupt iſt es bei den kühnen Schritten, welche die Barbarei in einigen Gegenden noch immer wagt, gefärlich, ſolche Sätze, wie die gegen mich ausgeſprochnen, gewonnen zu geben. Man kennt die Logik gewiſſer Herren. Wer weiß, ob nicht, ehe wirs uns verſähen, einer derſelben aufträte, und folgende Schlüße aus einander herleitete: Der öffentlich Spinoziſtiſche, Epikuriſche Leren vorträgt, untergräbt alle Moral

---

* Der Verf und Herausgeber dieſes Briefes haben bereits vor einiger Zeit Nachrichten erhalten, die dies gewiß machen, und mit der Zeit, vielleicht bald, weiter aufklären werden. J.

Moral über den Haufen stürzt, der ist ein Feind der Tugend und Religion; folglich ein offenbarer Feind aller gesellschaftlichen Ordnung und Glückseligkeit; folglich auch der deutschen StatsVerfassung und aller drei herrschenden Religionen; folglich verdient er, verbrannt —, oder wenn die Auto da fé noch ein pium desiderium bleiben sollten —, aus dem Römischen Reiche verbannt *, zu werden.

Aber mein Interesse ganz beiseite gesetzt, bin ich es vornämlich den vielen mir lieben und zum Teil verehrungswürdigen Katholiken schuldig, die mich mit ihrem Beifall und Zutrauen bisher beehret, die sich meiner Bücher zum öffentlichen Unterricht seit vielen Jaren bedient haben; ich bin es den hohen Obrigkeiten in so manchen katholischen Ländern schuldig, die eben dieses Lehrbuch der praktischen Philosophie in ihren Gymnasien und Universitäten einzufüren befolen haben; ich bin es der Universität, deren Mitglied zu seyn ich die Ehre habe, ich bin es der Aufklärnng meines Vaterlandes schuldig, die zwar von den Schicksalen meiner Schriften an sich nicht abhängt, aber für die sich wenig hoffen läßt, wenn diese und änliche Behandlungen Beifall finden, oder nur

---

* Oder wenigstens, seines Amtes entsetzt zu werden. Da unten am Rhein schleicht ein geistlicher Mann herum, der wirklich ohnlängst einem Großbritannischen Gesandten zugemutet haben soll, "einen gewissen hiesigen Professor, der in seinen Vorlesungen häufig gegen die Religion spräche, bei seinem Hofe anzugeben, damit solchem das Collegienlesen künftig verboten würde". Dieser hiesige öffentliche Lerer spricht pflichtmäßig gegen Aberglauben, PfaffenTrug, und Intoleranz; behauptet die Rechte und Ehre der Souverains gegen die ehemaligen Hildebrande und geistlichen MajestätsSchänder; verteidigt die Rechte deutscher Bischöfe gegen einige noch fortdaurende Usurpationen ihres Mitbruders, des römischen FürstBischofs; und hält Mönche, so lange sie nicht Münsterisch (oben Heft XXXVII S. 19) reformirt sind, für schädliche Reliquien des MittelAlters. Alles das, nennt der heilige Mann, "gegen die Religion sprechen". S.

nur gleichgiltig angesehen werden sollten, — zu beweisen, daß kein Epikureismus, keine Begünstigung der Gottlosigkeit, kein Umsturz der Sittenlere, in den angefochtenen Sätzen steckt; und überhaupt nicht gleich befürchtet werden muß, wo es etwa mit einer gewissen Feierlichkeit vorgegeben wird.

Hoffentlich wird sich doch niemand daran ärgern, und es zu dreiste finden, daß ein Philosoph es wagt, zweien Theologischen Facultäten zu widersprechen? Facultäten bestehen aus Gelerten, aus Menschen, die irren können; und deren Meinungen, zumal in philosophischen Sachen, so lange und so viel gelten, als ihre Gründe gelten können.

Mit aller Achtung, die ein Gelerter einer Gesellschaft von Gelerten schuldig ist, und unter solchen Umständen beweisen kann, will ich also auf die Corpora delicti das nötige Licht fallen lassen; und unbefangene Beurteiler werden alsdenn leicht einsehen, wo der Feler steckt. Also

THESIS 1. **SelbstLiebe ist der einzige ursprüngliche Grundtrieb des Menschen.** — Ein, wie Gelerte wissen, von je her von einigen verteidigter, von andern verkätzerter Satz. Die Heidelberger Hrn. Theologen haben einiges, was zur Hebung der Misverständnisse dabei dienen kan, ganz richtig bemerkt. Aber nicht alles. Es kan 1. so verstanden werden: jeder Mensch tut alles Gute und Böse, was er tut, in Rücksicht auf sich selbst, in Absicht auf seine zeitliche oder ewige Wolfart. So ist der Satz allerdings beleidigend für ächte Tugend, und gegen die sicherste Erfarung. Aber so ist er, so viel mir bewußt, noch von keinem Menschen behauptet worden. 2. So: die Selbstliebe ist der Grund, aus welchem alle andre Triebe des menschlichen Willens *abstammen*, auch die gemeinnützigen Triebe der Woltätigkeit und Menschenliebe, die, wo sie herrschend geworden sind, machen, daß ein Mensch gutes tut, ohne an sich und alle seine Vorteile zu denken, und daß er am allerleichtesten ohne Absicht auf die vergänglichen Güter dieses Lebens Gutes tut —, ursprünglich *abstammen*.

So

So verstanden, ist es ein Satz, den viele für war halten; den ich ehedem auch für war hielt, aber bei meinen genaueren Untersuchungen über den Trieb der **Sympathie,** ungegründet befunden, und für ungegründet in eben diesem angegriffenen **Lehrbuche** §. 8,* und §. 34 aufs deutlichste erklärt habe; und noch ausführlicher in meinen **Untersuchungen über den menschlichen Willen** S. 16 folgg. Doch — worauf es hier hauptsächlich ankommt — ist es ein nicht im mindesten gefärlicher Satz, wofern man ihn nicht durch willkürliche Zusätze und Verdrehungen gefärlich macht; d. h., wofern man nicht — wider die nachdrücklichsten Erklärungen derer, die in ihrem System diesen Satz vortragen — aus der **Selbstliebe Eigenliebe, Egennützigkeit, Trieb nach sinnlichen Lüsten und zeitlichen Gütern** macht: welches alles nicht wesentliche Stücke, sondern nur Modificationen und Ausartungen der Selbstliebe sind. Dies wird hoffentlich schon aus dem bisherigen verstanden werden, aber noch mer erhellen bei der Beleuchtung des **dritten,** den Hrn. Facultisten so vornämlich mißfallenden Sinns des HauptSatzes; daß nämlich 3. bey der wissenschaftlichen Anordnung der Pflichten und deren Folgerung aus einander, der Grundsatz **Liebe dich selbst, Suche dein eigenes wares Beste, deine dauerhafte Vollkommenheit und Seligkeit,** füglich zum er-

---

* §. 8 heißt es, "daß der Mensch bei seinen Begierden und Handlungen nicht blos durch die Vorstellung seines Nutzens getrieben werde, nicht immer dabei an sich und seine Vorteile gedenke; dies wird offenbar, wenn man auf eine andre Eigenschaft der menschlichen Natur (als die Selbstliebe, wovon der vorhergehende §. handelt) Acht gibt, — die Sympathie". Und §. 34, wo ex professo die Frage untersucht wird, wie die Sympathie zur Selbstliebe sich verhalte, heißt es: "Bei allem dem ist es der zweckmäßigen Unterscheidung nachteilig, und könnte nur zu Mißverständnissen und irrigen Folgerungen Anlaß geben, wenn man die Sympathie nur als ein Stück oder eine Modification der Selbstliebe betrachten wollte". F.

ersten Grundsatze gewålt werden könne, und wenn man recht tief * eingehen, und einen in aller Menschen Herzen allezeit sich findenden Grund für sein System gewinnen will, genommen werden müße. Denn a) es fällt ja in die Augen, daß dies nicht heiße, *liebe dich wie ein Thor*, sondern nach Anleitung der besten Erkenntnisse und Anweisungen, die du durch dich selbst oder andre haben kanst; b) daß es nun nur darauf ankomme, was einer für *theoretische*, oder überhaupt für andere Grundsätze zu diesem Satze hinzunimmt. Nimmt er irrige Sätze mit hinzu, z. Ex. Es ist kein Gott und kein andres Leben: so kan dies zusammen denn freilich abscheuliche Folgen geben. Aber daran ist nicht der erste Grundsatz Schuld. Man nenne jeden andern Grundsatz an, den man will, z. Ex. *Handle nach Gottes Willen und Geboten*; und mit Hülfe eines zweiten und falschen Satzes, z. Ex. *Alles was ein Mönch** sagt, das ist so gut, als ob dirs Gott selbst gesagt hätte,* — ich brauche hier nicht zu dichten; die Geschichte weiß es aus, was aus diesen beiden Prämissen oft genug gefolgert worden ist. z. E. Entziehe deinen Verwandten und den waren Armen dein Vermögen, so viel du kanst, und vermach es den überflüßig begüterten Klöstern; zeuch im Lande herum

---

* Tiefer, als freilich nicht bei jeder Gelegenheit nötig ist. Wenn daher die Hrn. Heidelberger sich auf den Ausspruch Christi Matth. XXVIII, 37 berufen; so dienet zur Antwort, a) daß dieser göttliche Lerer nicht den Gesetzen unterworfen war, denen ein systematisches Compendium unterworfen ist; b) daß in einem gewissen Sinn das erste Gebot mit Recht heißen kan, was er so genannt hat; und hauptsächlich c) daß hier nur eigentlich 2 Gebote, Gott zu lieben und den Nächsten zu lieben, gegen einander geordnet sind: die Selbstliebe aber dabei gar nicht, als ein Gebot, vorkommt. F.

** Man wird mirs zutrauen, daß dies keine Beleidigung für alle MönchsOrden seyn soll. Auch unter ihnen kenne ich liebe und verehrungswürdige Männer. Das folgende wird die Gattung, die ich meine, kenntlich genug machen. F.

um, und mache der leichtgläubigen Welt ein GaukelSpiel betrügerischer Wunder vor, um das sinkende Ansehen der Religion, d. h. eines herrschsüchtigen MönchsOrdens, mit unter zu heben; Stell dich, als ob du besessen seist, und lästere die Gegner dieses Ordens; Morde den König, u. s. w. So unschuldig nun an diesen Folgerungen der Grundsatz, Handle nach Gottes Willen, ist; eben so unschuldig ist der Satz, Liebe dich selbst, bei dergleichen und allen andern falschen Folgerungen. c) Wenn jener Grundsatz von der verständigen Selbstliebe irgend falsch seyn sollte: so müßte im Gegenteil irgend war seyn, daß es Pflichten, Gebote der Vernunft oder der göttlichen Offenbarung, gebe, die von einem Menschen fodern, daß er zu seinem waren zeitlichen und ewigen Schaden etwas tun soll. Welches Gebot fodert dies? Ich weiß keines; kenne den Gesetzgeber oder Propheten nicht, der es gewagt hätte, den Menschen so etwas anzumuten. Christus hat nicht so gelert. Selbst da, wo er unter sprichwörtlichen Ausdrücken und bedingter Weise Gebote gibt, die den natürlichen Trieben am meisten entgegen zu seyn scheinen können, wenn man sie falsch verstehen will; wo er sagt: Reiß den Aug aus, Hau deine Hand ab, und wirf sie von dir; setzt er hinzu: denn es ist dir besser rc. * Und der Apostel sagt: die Gottseligkeit ist zu allen Dingen nützlich, und hat die Verheißung dieses und des künftigen Lebens. Wenn nun der Philosoph sagt: "Die Tugend, ob sie dir gleich nicht immer äußere Vorteile bringt, macht dich immer, bei jeder Ausübung, innerlich vollkommner und seliger; nnd wenn du also nach eigner Vollkommenheit und Seligkeit strebst, so mußt du uneingeschrenkt der Tugend dich befleißigen": kan dies Kätzerei seyn?

Nach-

---

* Allein schon aus den vortreflichen Aussprüchen Christi Matth. V. u. VI. hätten die Herren Censoren doch wissen müssen, wie aus der Selbstliebe die Pflichten gegen andre sich ableiten lassen; wenn ihre philosophischen Einsichten auch nicht so weit reichten, um aus der Natur des Menschen und seinen Verhältnissen zu Gott und der Welt dies zu erkennen. F.

Nachdem der *Achilles* der Hrn. Gegner, wie ich hoffen darf, augenscheinlich vernichtet ist: so werden wir mit den übrigen Sätzen, die meist nur, nach dem eignen Urteile der Herren, *male sonant*, nicht viel mer zu tun haben.

THESIS II. **Zeitliche Güter verachten — verschwenden ꝛc., ist allemal pflichtwidrig.**

Wenn die Hrn. Censoren, wie es ihnen beliebt hat, einen Nachdruck auf das **allemal** zu legen, auch eben so einen auf das **verachten** gelegt hätten: so dächte ich, hätten sie gleich einstimmen müßen. Denn a) Güter, die man rechtmäßiger Weise haben kan, an andre überlaßen, wenn diese sie nötiger haben, oder beßer zum Nutzen der Welt gebrauchen können; oder wenn man sich zu **schwach** fült, um sie selbst ohne Nachteil für seine Tugend zu besitzen, und gemeinnützig anzuwenden — dies, was auch in meiner Moral gut geheißen ist * — dies heißt ja nicht, die Güter **verachten**; wenigstens nicht in der genauen dogmatischen Sprache. b) Güter **verachten** ist — Gotteslästerung? Ja, manche würden dieses aus der Vernunft und heil. Schrift beweisen; denn es heißt, **Gottes Gabe verachten.** Aber ich wollte nicht dies sagen, sondern nur **Blödsinn.** Denn Blödsinn ist es doch warhaftig, die beiden conträren Begriffe, absolute **Verachtung** und **Güter**, positive in Einen Satz bringen zu wollen. c) Uebrigens kan ich die Hrn. Censoren in Heidelberg und Straßburg, und alle, die mit ihnen gleich fromme Gesinnungen hegen, auf meinen ehrlichen Namen versichern, daß ich, bei dem angefochtenen Satze von den nicht zu **verachtenden** zeitlichen Gütern mein Absehen nicht auf die Schenkungen an Klöster, oder andre dergleichen milde Stiftungen, gerichtet hatte; wie die Herren vielleicht mögen befürchtet haben. Sondern ich dach-

---

* Unmittelbar nach den censurirten Worten heißt es in meinem Lehrbuche S. 81: "Nur muß die Sorge für das zeitliche Vermögen immer abgemeßen werden nach den höhern Pflichten, die man auf sich hat. Also muß sie 1) stets der Sorge für die Rechtschaffenheit des Herzens untergeordnet seyn" ꝛc. ꝛc. ꝛc. F.

dachte mir vielmer, als Gegenteil meiner Lere, die **Epikurische Bequemlichkeit**, welche diuitiis *operosioribus* vallem Sabinani verzieht, und den **Cynischen BettlerStolz**, welcher die Reichtümer verachtet, um die Reichen verachten zu können. Diesen Gegensatz mache ich gewönlich bei meinen mündlichen Erläuterungen; und auf einen solchen Gegensatz wird jeder Kenner der philosophischen Moral und ihrer Geschichte am natürlichsten verfallen. Wenn nun meine Hrn. Gegner von ihrem Satze: daß man die Reichtümer verachten dürfe, nicht abstehen: so ist es meine Schuld nicht, wenn sie etwa bei Kennern in den Verdacht kommen, daß sie Gönner und Beförderer der Epikurischen Bequemlichkeit, und des Cynischen BettlerStolzes, seyn. Welchen Verdacht ein schlimmerer Gegner damit weiter gelten machen könnte, daß die beiden Facultäten * den Cyniker **Krates** zur Nachahmung hiebei aufgestellt haben. So wie ich auch das gründlich Ausgewälte und Wolanpassende des Uebrigen, was die Herren Censoren zur Auszierung ihres theologischen Urteils aus den heidnischen Schriftstellern angemerkt haben, ohne Kritik übergehen will; weil es in der Hauptsache nichts tut.

Thesis III. **Aus vernünftigen Begriffen von Gott erhellet, daß Ehrfurcht, Liebe ꝛc.** Die Censoren sagen nicht, daß dieser Satz aus meinem Lehrbuche genommen ist; ich kan mich auch dessen nicht erinnern, und habe ihn an den Orten, wo er etwa stehen könnte, nicht gefunden. Uebrigens wird alles, was zur Aufklärung und Beurteiluug des Satzes nötig ist, aus den Anmerkungen über die Iste Thesis sich leicht abnemen lassen. Ueberhaupt möchte ich mein Urteil über die ganze Art, wie diese Thesis censurirt worden ist, lieber unterdrücken, und andre urteilen lassen —. Klar ist es doch, a) daß der **Auctor** dieses Satzes durch denselben den

---

*) Deren Aufsätze überhaupt auf eine solche Art mit einander übereinkommen, die zu eigenen Vermutungen berechtiget. F.

44. Ex Jesuiten. V.

den Verdrehungen seines ersten Grundsatzes von der Selbstliebe hat vorbeugen wollen; b) daß er nicht hat sagen wollen, aus der Selbstliebe allein, und aus einer dörigten Selbliebe dazu, wie die Gegner sie willkürlich annemen, nicht aber der Lerer der Weisheit sie beschreibt und zur Pflicht macht; sondern aus einer vrständigen Selbstliebe und vernünftigen Begriffen von Gott, folge, ohne alle weitere Zwischenbegriffe ꝛc. Und diese Folge ist so einleuchtend, daß ich Ihre und meine Leser zu beleidigen fürchten müßte, wenn ich sie vordociren wollte. c) Um auch die Herrn wegen ihres amoris puri zu beruhigen, darf man sie ja nur an das Unius positio non est alterius exclusio erinnern. Der Satz, daß vernünftige Begriffe von Gott, und verständige Selbstliebe, Ehrfurcht, Liebe, Dankbarkeit ꝛc. gegen Gott erzeugen, läßt sich mit der Behauptung, daß es eine ganz uneigennützige Liebe gegen Gott geben könne, nicht nur im gemeinen Sinn dieser Worte, wogegen, so viel ich weiß, die angefürte verdammte Meinung des *Baii* stritte, sondern auch, wenn es so erklärt wird, daß ohne alle Rücksicht auf sich selbst diese Liebe zu Gott entstehe, sehr leicht zusammen reimen; wenn man nur nicht mer Lust am Verkätzern als am Vereinigen hat. Denn: unius rei plures possunt esse causae. Die Empfindungen der Religion sind eine unausbleibliche und unmittelbare Folge vernünftiger Begriffe von Gott, und der Selbstliebe; ob sie gleich auch bisweilen ohne Rücksicht auf sich selbst und seine Wolfart entstehen: so lassen sich beide Sätze verbinden. Ist dies schwer zu fassen?

Und soll ich noch weiter fortfaren, die theologische Censur zu beleuchten? Oder wird man mich nun schon der Mühe überheben, und von dem bisherigen aufs übrige schließen? Ich dächte, man könnte es. Doch ich will diesmal mein Werk ganz tun; und um so mer hoffen, daß man in Zukunft friedsame Philosophen von theologischer Seite auch freundlicher behandeln, und nicht zum Widerspruche, wie diesmal geschieht, unwiderstehlich reizen werde.

Die Herren Straßburger verwerfen also auch
IV.

IV. folgenden Satz: **Erhalte dein Leben ꝛc.**, ist die **Grundpflicht, welche die Vernunft einem jeden Menschen gegen sich selbst ꝛc.** Steht denn aber hier nicht mit deutlichen Worten: **gegen sich selbst**; und ist denn also nicht klar, daß hier nicht die Rede sei von der allgemeinsten Grundpflicht, oder dem höchsten Grunde aller Gattungen von Pflichten; sondern nur von der Grundpflicht, nach welcher alle übrige Pflichten des Menschen gegen sich selbst bestimmt und eingeschrenkt werden müssen? Auch heißt es nicht: Erhalte dein Leben, ist die Grundpflicht. Sondern: Erhalte dein Leben und alles was zu deiner Natur ꝛc. Ist es denn hiebei noch zweifelhaft, daß der Anctor die Pflichten gegen den Körper sogleich durch die höheren Pflichten gegen die Seele hat einschrenken wollen? Alles dieses würden die Hrn. Censoren leicht eingesehen, und alle die Einschränkungen, die ihnen bey diesem Grundsatze nötig schienen, mit so vielen Worten von mir selbst gemacht und nachdrüklich eingeschärft gefunden haben, wenn es ihnen gefällig gewesen wäre, in mein Lehrbuch hineinzusehen. Und dies, dünkt mich, wäre denn doch nicht übel gewesen; da sie einmal wußten, daß die Theses, die sie censiren sollten, aus diesem Buche ausgezogen sind; und da sie so augenscheinlich ihre BannStralen auf mich gerichtet haben. Aber dann hätten sie nicht verdammen können!

V. **Selbstmord kan in keinem Falle zur pflichtmäßigen Handlung werden —.** Dieser Satz klang den Hrn. Censoren übel. Mag hingehen. Ein Buch oder Satz kan, wie unser L. irgendwo sagt, sehr unschuldig seyn an dem, was dem Leser dabei in den Ohren oder im Kopfe klingt. Ich will am Schluße über dies Uebelklingen eine Erläuterung geben.

VI. Der Satz: **Vergiß deine eigene Wolfart nicht über die Vorteile andrer,** klingt zwar auch nur übel. Aber ich will ihn doch etwas weiter erörtern. Ich glaube nicht, daß er in meinem Lehrbuche steht; wenigstens der

der ganze 16de Satz des Hrn. Wihrl ist nicht von mir, und ist gegen meine Art, die einzelnen Teile anzuordnen und auszudrucken. Klar ist aber, daß er nicht hat sagen wollen, man soll bei jeder einzelnen Handlung an seine Vorteile denken. Sondern, man müße bei der Verbindung und Bestimmung seiner praktischen Grundsätze, die von den Pflichten gegen andere, und die von den Pflichten gegen sich, zusammen erwägen. Und so verbindet sie, ja auch Christus in dem Ausspruche: Liebe deinen Nächsten wie dich selbst, und befielt, daß die erstern durch die Rücksicht auf die andern bestimmt werden sollen.

Endlich ist der Grundsatz, die Gründe wider die Vielweiberei haben das Uebergewicht, den Hrn. Censoren nicht stark genug ausgedruckt, zur Instruction eines Christen. Nun aber a) ist ja der Philosoph nicht der einzige Instructor der Christen. Oder soll er? b) Können wol schwerlich die Strasburger Theologen einen geometrischen Beweis füren, daß die Vielweiberei wider das absolute NaturGesetz sei, und ihre Klugheit wird ihnen nicht erlauben, dies zu unternemen; denn sie wissen, was für Einwürfe ihnen gemacht werden können. Gleich würde ich ihnen zu überlegen geben, was mich neulich einer ihrer rechtgläubigen Mitbruder in der Philosophie * gelert hat, daß Gott' den Erzvätern die Vielweiberei erlaubt habe, um die Bevölkerung unter den Frommen zu begünstigen. c) Aber, sagen sie, der Satz ist ja so nur wahrscheinlich? Gut; ist denn dies so eine Kleinigkeit, überwiegende Gründe für sich haben? Was überwiegende Gründe für sich hat, ist Regel unsers Verhaltens. Doch nun merke ich vielleicht das Misverständniß. Da steckt am Ende wol ein gewisser *Probabilismus* hinter, von dem wir andere weltliche Philosophen freilich nichts halten. Ey, ey! *Ex ungue leonem!* Doch ich bre-

---
* *Guarini* in lus naturae ad christ. doctr. regulam exact. G. Gdtting. Anz. b. J. Zug. 5 St. F.

breche ab, und ziehe nun, mit aller schuldigen Achtung für die Hrn. Gegner, aber auch für Logik und Warheit, meine SchlußFolgen:

1. daß die Hrn. katholischen Theologen in Heidelberg und Strasburg nicht sehr fein und nicht sehr billig darinne gehandelt, daß sie meinen Namen und mein ehrliches unschuldiges Buch mit so unsaubern Beinamen in Gesellschaft gebracht haben; bei Gelegenheit zu einer Disputirübung bestimmter Säze*, die sich sehr gut, ohne mich einzumischen, hätten censuriren lassen:

2. daß wenn sie mich hätten censiren wollen — wie es denn einem jeden frei steht, über gedruckte Sachen seine Meinung zu sagen — sie die Säze, wie sie in meinem Buche stehen, cum antecedentibus, & consequentibus, hätten ansehen müßen. So würden sie sich vor dem, kaum venialen Versehn bewart haben, daß sie

3. mir abscheuliche Meinungen angeschuldiget, wovon das klare Gegenteil in meinem Buche steht;

4. daß sie Säze verdammt haben, die nach der Vernunft und nach der Lere Christi war sind; endlich

5. daß sie, vermöge dessen, was sie beigebracht haben, zu keinem härtern Urteile über die quästionirten Säze begründet waren, als: Male Sonant nobis; welches so viel heißt, als: "Wir wissen nicht, wie wir die Säze verstehen sollen oder wollen; nach unsrer gewonten Art zu reden, unsern Ideen Associationen, unsern Neigungen, unserem Interesse, könnte einem wol dies u. das Schlimme dabei in den Sinn kommen". — Gegen ein solches Urteil hätte ich denn im mindesten nichts zu erinnern gehabt. Ich beharre ꝛc.

Göttingen, im Febr. 1791.   J. G. H. Feder.

* Aber es ist nur allzusichtbar und gewiß, daß Hrn. W bris Säze nur eine Gelegenheit, mein Buch aber der eigentliche nächste, u. der Gebrauch nichtscholastischer LehrBücher in den katholischen Schulen der lezte HauptGegenstand des ganzen Processes gewesen ist. F.

44. ExJesuiten VI.

VI.
Parallel zwischen der Jesuiter- und Rabbinen-Moral, in Absicht auf die LehrMethode.

Sind wir dann alle samt und sonders, Katholiken und Protestanten ohne Unterscheid, die wir uns in unsern öffentlichen DruckSchriften sowol, als in unsern Universitäts-Vorlesungen, über NaturRecht, Politik, und praktische Philosophie, zur sogenannten neuern Moral bekennen: sind wir alle — und unsrer sind sehr viele —, weil wir keine Scholastiker mer sind, Epikurer, Spinozisten, Verräter der Religion, Zerstörer aller Sittlichkeit? Und sollen wir das so hinnemen, wessen uns ein ge unbekannte Geistliche in Strasburg und Heidelberg, im Angesichte unsrer Obern und des ganzen Publici, dessen Achtung und Zutrauen zu gewinnen, wirs uns sauer werden lassen, ungescheut bezüchtigen?

Freilich ist sie neu, diese Art die Moral zu behandeln; und wir sind also Neoteriker. Aber ist dann alles Neue schlecht, irrig, und verdammlich? neue Astronomie Mayers und Eulers, gegen des Ptolemäus seine? neue Logik Locke's, gegen das Organon? neue Physik Muschenbröcks, gegen der Scholastiker ihre? neue FinanzEinrichtung Neckers, gegen Terray's seine? — Füren die Herrn ein TaschenTuch, oder wischen sie sich noch an den Ermel? jenes ist ja auch neoterisch, und, warscheinlich selbst unter Kammerherrn, erst seit D. Luthers Zeiten üblich.

Was heißt dann alte, was heißt neue Moral? Zum Muster der alten neme ich den seel. Busembaum: dafür müssen mir die Hrn. ExJesuiten Dank wissen. Die Ausgabe, die ich vor mir habe, ist noch 1757 zu Rom gedruckt, und dem Papste Benedict XIV zugeschrieben.

Nun diese alte Moral ist im LehrVortrage (von den Sätzen ist hier nicht die Rede) der Talmudisch-Rabbinischen so änlich, wie ein Ei dem andern: von der neuern aber, ich gestehe es, ist sie wesentlich verschieden. Die leztere beweist
strenga.

streng, und steigt daher bis zu allgemeinen unwandelbaren Grundsätzen hinauf: aber Grundsätze wollen die Herrn von der alten Moral überhaupt nicht leiden, sie haben ihre Ursachen dazu; und die von den neuern Moralisten angegebene Grundsätze verstehen sie nicht, und censuriren sie doch!

Die alte Moral des Talmuds und Busembaums ist nicht Moral, sondern Casuistik, ohne System, ohne Grund und Zusammenhang, folglich ohne alle vernünftige Ueberzeugung. Diese Casuistik I. beweist entweder gar nicht, oder sie beweist II. aus der Bibel; citirt aber oft Sprüche, die auf ihre Sätze wie eine Faust aufs Auge passen; zieht Schlüße aus VorderSätzen, die nicht besser daraus folgen, als *Gleichwie der Löw ein grimmig Tier ist* ꝛc.; und mißhandelt solchergestalt das Wort Gottes durch eine AuslegungsKunst, die jeden ehrlichen Freund der Religion schaudern machen muß. Diese Casuistik III. beweist ferner aus Meinungen anderer Theologen und Rabbinen: *so sagt Sa*, *so R. Akibah*, *so Suarez*, *so R. Meir*. Was geht das den Selbstdenker an, was Sa und R. *Meir* gedacht haben? IV. Sehr viele wirklich wichtige, für Sitten und Stat angelegne moralische oder GewissensFragen, übergeht sie gänzlich: dafür V. ist sie voller Zoten, und handelt mit grübelnder Genauigkeit Dinge ab, deren Entscheidung dem Menschenverstande, der Schamhaftigkeit, und dem stillen Gewissen, überlassen werden sollte.

Die neue Moral will erst Menschen bilden, ehe sie Christen macht: also muß sie von allgemein zugegebenen Sätzen (folglich nicht mit der Bibel, denn nicht alle Menschen sind Christen) anheben, um alle von ihren woltätigen Lehren zu überzeugen. Durch Beobachtung untersucht sie die Natur des Menschen, so wie er roh und unverdorben aus Gottes Hand gekommen; dann schließt sie: dieser seiner Natur gemäß dürfe, müße, der Mensch leben, weil sonst der Schöpfer mit seinem Geschöpfe im Widerspruche wäre. Nun zur Sonne sprach Gott: **wälze dich um deine Axe; zum**

Waſſer ſprach Got: fleuß berg ab; und zum Menſchen ſprach er wie zum Wurme: liebe dich, ſuche deine Luſt, ſei glücklich. Dies tut der Menſch; dies darf, dies kan, dies muß er tun, und anfangs weiter nichts. Aber einmal ſo in Tätigkeit geſetzt, hebt er ſich allmälich zur Kenntnis ſeines Schöpfers und ſeiner Ewigkeit empor, erfindet neue Arten des Glückes, folglich neue Pflichten, und kriegt neue Triebe. Dieſe neuen Triebe, ſamt ihrer natürlichen EntſtehungsArt, beſchreibt die *neue* Moral pſychologiſch oder hiſtoriſch. Dieſe neuen Pflichten beweiſt die *neue* Moral logikaliſch: nicht weil ſie R. Akibah oder Sporer leren, ſondern weil ein Ding unmöglich zugleich ſeyn und nicht ſeyn kan.

Buſembaum, und ſein ganzer Orden, und alle ſeine Schüler, wollen keine Grundſätze, ſondern blos eigene oder fremde Auctoritäten. Jenes fodert DenkungsKraft, dieſes iſt meiſt Einfall und anmaßliche Geſetzgebung. Die Gelerten, die vor einigen MenſchenAltern ſich alzuviel mit dem Talmud abgegeben hatten, beſchuldigte man nicht ohne Grund, daß ſie alle Menſchenlogik verlernt hätten. Und wer beim Buſembaum aufgewachſen iſt: iſt warſcheinlich auf immer unfähig, einen Ferguſon oder Hutcheſen zu begreifen, und die Falten, die ihm jener gedrückt hat, aus ſeiner Seele auszuplätten. Auch verträgt ſich das Denken mit der AuctoritätsMethode überhaupt nicht: denn ſo bald man denkt und ſchließt, ſtehen ja ſo viele Ausſprüche von dem und jenem Rabbi wie nackter Unſinn da. — Endlich muß ſchon das einem Jeſuiten die Methode von Grundſätzen verleiden, weil dieſe unveränderlich, und keine Mäntel ſind, die man nach dem Winde hängen kan: Auctoritäten aber laſſen ſich nach den Zeitumſtänden ändern; eine ſchlägt der andren das Bein unter. So lerten ehedem *Suarez, Vasquez, Layman &c. &c.*, daß jede päbſtliche Conſtitution, wenn ſie auch nur in Rom publicirt wäre, in der ganzen katholiſchen Chriſtenheit verbindlich ſei, ſo bald man nur auf irgend eine Weiſe Nachricht von derſelben erhalten habe. *Cardenas* behauptet ſo gar, daß die entgegen

gegen gesetzte Meinung nicht einmal probabilis sei! Aber was leren nun, theoretisch und praktisch, die Herren in Polotzk? . . . . .

Diese moralischen Grundsätze verstehen die Concipienten obiger Responsen nicht; und blos darum, wie ich hoffe, legen sie sie verkert und gehäßig aus. Neue, feine, abgezogene Ideen foderten neue Ausdrücke. Die Schöpfer dieser Ideen, die Reformatoren der Moral, wollten für solche keine neue Wörter erschaffen; sie behielten die alten bei, und sonderten nur, durch sorgfältige Bestimmungen, die groben und andre NebenIdeen ab. Aber nicht alle ihre Leser sind dieser verabredeten Absonderung fähig. Der Chemiker spricht von Erde, und versichert, die Bestandteile der tierischen Faser seien von Erde: der Ackermann denkt an ErdSchollen, und wundert sich nun, daß ein Stück Schweinefleisch Erde seyn soll. Helvetius sagte, alle Ideen reducirten sich zulezt auf das Geful: jemand fragte ihn, wie man ein Dreieck füle? Spricht die neuere Moral von Selbstliebe? so denkt der Busembaumianer an Eigennutz: von Lust? an FleischesLust: von Natur? an die ErbSünde: von Trieben? an *stimulos*.

Von dieser neueren Moral selbst, hier eine Probe zu geben, halte ich für überflüßig. Hundert Bücher von der Art, von allerlei Nationen in allerhand Sprachen geschrieben, sind heut zu Tag in den Händen aller, die eine vernünftige Lectüre lieben. Anders ist es mit der schon bald vergeßnen alten, oder Jesuiter- und Rabbinen-Moral. Mancher Große, an der Spitze einer höhen oder niedern Schule, welchem man wegen der Widerherstellung dieser Antiquität in den Ohren liegt, hat vielleicht nicht Zeit, Folianten und Quartanten durchzuwülen: hier also von der lezern einige Proben, zugleich zum Erweis des oben allgemein gesagten. — Aus Respect für meine Leser durft ich nicht die allerschmutzigsten und alleralbernsten Stellen wälen: beide sind nur von der MittelSorte. Die erstere aus dem Busem-

44. ExJesuiten VI.

sembaum wollte ich deutsch übersetzen; ich fülle aber die Warheit dessen, was der Strasburger Concipient oben S. 245 gesagt: ex usu, has quaestiones [der alten Moral] tractandi sermone *vernaculo*, rudibus [d. i. solchen, die an dergleichen Lectüre nicht gewont sind] multiplex *Scandali* occasio dari potest.

I. Probe von der Moral der Jesuiten.

Aus *Busembaum* (s. oben S. 220) T. I, p. 67, n. 55.

Si mulier non in particulari, sed in genere tantum, aliquos in se scandalizandos putet, modo eorum lasciuiam non intendat, nec ei placeat (licet ei placeat, quod laudetur ut formosa): non videtur teneri abstinere ab illo ornatu etiam superfluo sub mortali; v. gr. fucando faciem, imo etiam denudando ex communi consuetudine pectus: nisi tamen denudatio vel ornatus esset valde turpis per se, ac directe ad libidinem prouocans. Ratio est, *tum quia* est scandalum potius acceptum quam datum, & ornatus ille ac pulchritudo remote tantum ad peccatum prouocant, ut docent *Laym.* & *Bon.*; *tum* quia nimis graue esset isti sexui, praesertim si maritum quaerant, perpetuo sic abstinere, cum illa occasio sit uniuersalis & perpetua; nec formosiores unquam licite irent foras, cum pulchritudo naturalis plus noceat quam artificialis. Plura de hac re vide apud *Dian.* T. I. R. 37, *Bardel.* L. III. d. 5. n. 13. Interim feminam nudum pectus gerentem non mala intentione, etsi quidam excusent a mortali, ego tamen, inquit *Sa*, difficile absoluerem. Et certum est, quod confessario incumbat, huiusmodi ornatum dissuadere, & deterrere ab eo: vid. *Sa* verb. *Ornatus* &c. *ll. cc.*

Quaeritur, an peccent grauiter mulieres, ad sui ornatum ubera ostendentes? Acriter inuehunt contra hunc morem *Natalis Alex.* Dec. L. 4 art. 5 reg. 8 *de Scandalo*, & *Roncaglia* de Charit. c. 6 qu. 5 Resp. 3 dicentes, hoc

hoc per se esse peccatum mortale, quia per se aliis graue scandalum offert: & hoc probari inquiunt ex SS. Patribus, qui huiusmodi consuetudinem magnopere increpant. Cum ego [*Alphonsus de Ligorio*] munus Concionatoris gessi; pluries etiam hunc perniciosum usum fortiter conatus sum exprobrare: sed cum hic officium agam *Scriptoris de scientia morali*, oportet ut dicam, quod juxta veritatem sentio, & quod a DD. didici. Non nego, I. quod illae feminae, quae hunc morem alicubi introducerent, sane grauiter peccarent. Non nego, II. quod denudatio pectoris posset esse ita immoderata, ut per se non posset excusari a scandalo graui, tanquam valde ad lasciuiam prouocans: uti bene ait *Sporer* de V *Praec.* cap. 1. n. 39. Dico verum, III. quod si denudatio non esset taliter immoderata, & alicubi adesset consuetudo, ut mulieres sic incederent; esset quidem exprobranda, sed non omnino damnanda de peccato mortali. Id tenent communissime *Nauarrus*, *Cajet. Lessius*, *Leym. Bon. Salm.*, & alii plurimi.

Navarr. Summ. c. 23. n. 19 sic ait: "Neque etiam feminae mortaliter peccant ostentantes pectora nuda, quo pulchriores videantur, absque alia mala intentione mortali; quia nullo jure naturali diuino aut humano, saltem ad mortale obligante, vetatur". — Idem dicit *Cajetanus* in 2. 2. q. 169 art. 2 vers. 2. sic ait: "Pectus a mulieribus nudum alicubi defertur, quod juxta morem patriae non est de se mortale" — Idem docet *Lessius* l. 4. c. 4. ex num. 112, dicens: "Potest esse peccatum mortiferum, si pudenda non satis tegerentur; secus in nudando pectore, ut *Cajet. Fam. Nav.* Nam partem illam nec natura aut pudor postulat absolute tegi. Graue tamen esset, huiusmodi morem · introducere'. Sententiam hanc dicit esse communem *Laym.* L. 3 tr. 3 c. 13. in fin. num 6. Idem censent *Azor.* de IV Pr. c. 18. *Sanch.* Dec. L. 1 cap. 6. num. 7. *Bonac.* de matr. q. 5 punct. 9 num. 17, & *Salm.*

de

de VI Praec. cap. 3. num. 16, cum *Sylv. Fill.* &c. (contra S. *Antoninum*, *Rof.* & *Eliz.*); quia (dicunt) pectus non est pars vehementer prouocans ad lasciuiam. — Videtur etiam huic adhaerere S. *Thomas* 2. 2. q. 169 art. 2, ubi loquens de ornatu superfluo mulierum (ut patet ex 3 objectione), sic ait: "Et si quidem hac intentione se ornent, ut alios prouocent ad concupiscentiam; mortaliter peccant. Si autem ex quadam leuitate, vel etiam ex quadam vanitate propter jactantiam quandam; non semper est peccatum mortale, sed quandoque veniale". Deinde addit: "In quo tamen casu possent aliquae excusari, quando non fieret ex aliqua vanitate, sed propter contrariam consuetudinem: quamuis talis consuetudo non sit laudabilis". — Deridet autem *Roncaglia* hanc rationem consuetudinis excusantis, dicens: "Potestne quaecumque consuetudo dare jus ad id, quod aliis de sua natura praebet grauem occasionem peccandi"? Sed immerito deridet: nam patet, quod consuetudo sic incedendi non quidem dat ius ad id, quod est contra jus naturale, sed bene diminuit vim concupiscentiae; ubi enim non est mos, maius scandalum dabunt illae mulieres, quae brachia aut crura ostendent, quam eae que pectus (modo denudatio sit moderata), ubi talis viget consuetudo; quia assuefactio efficit, ut viri ex tali visu minus moueantur ad concupiscentiam, prout experientia constat. SS. autem Patres aut modo concionatorio sunt locuti, vel de usu immoderato, ut diximus. — Tandem idem *Roncaglia* loc. cit. *in fin.* concedit, modicam discooperitionem pectoris excusare a peccato graui. Et idem docet doctissimus *Syluius* 2. 2. qu. 169 a. 2.

Caeterum non dubito, quod sententia, ut supra relata, cum magna discretione oportet ut prudens Confessarius utatur, ne indulgeat nimiae mulierum licentiae, quae libidinem inuoluet, cum pie viuentes non sic incedant. Bene enim *Croix* L. 2 num. 248 cum *Eliz.* advertit, quod

eius-

,eiusmodi feminae denudatione pectoris non raro quaerunt inhonefte appeti a viris, ut illos fibi irretiant & captiuent; & hanc ob caufam, recte putat *Eliz.*, plures feminas damnationem pati. Hinc non dubito, quod huiusmodi indecens mos enixe a Praedicatoribus & Confeffariis, quantum fieri poteft, coercendus eft & extirpandus. Audiatur id, quod docet D. *Antonin.* P. 2 tit. 4 cap. 5, ubi, quamuis deteftur enixe ufum mulierum, oftendendi ubera, quando talis ufus effet valde immoderatus, prout refert adere in partibus Rheni, his verbis: "Si enim de ufu patriae eft, ut mulieres deferant veftes verfus collum fciffas ufque ad oftentationem mammillarum, ut in partibus Rheni valde turpis & impudicus eft talis ufus, & ideo non feruandus"; attamen in fequenti §. *In quantum* addit: "Si enim mulier ornet fe fecundum decentiam fui ftatus, & morem patriae, & non fit ibi multus exceffus, & ex hoc afpicientes rapiantur ad concupifcentiam eius; erit ibi occafio potius accepta quam data: unde non mulieri, fed ei foli qui ruit, imputabitur ad mortale. Poterit autem effe tantus exceffus, quod erit occafio etiam data". Sic denique concludit: "Ex praedictis igitur videtur dicendum, quod ubi in huiusmodi ornatibus Confeffor inuenit clare & indubitanter mortale, talem non abfoluat, nifi proponat abftinere a tali crimine. Si vero non poteft clare percipere, utrum fit mortale; non videtur tunc praecipitanda fententia (ut dicit *Guillielm.* fpecie in quodem fimili), fcilicet ut deneget propter hoc abfolutionem: vel illi faciat confcientiam de mortali, quia faciendo poftea contra illud, etiamfi illud, non effet mortale, ei erit mortale, quia omne, quod eft contra confcientiam, aedificat ad Gehennam, 28, quaeft. 1, §. *Ex his*. Et cum promptiora fint jura ad foluendum quam ligandum, cap. *Ponderet* diff. 13 & melius fit Domino reddere rationem de nimia mifericordia, quam de nimia feueritate, ut dicit *Chryfoft.* cap. *Alligant.* 26, quaeft. 7: potius videtur

abfol-

44. Moral der Rabbinen.

abſoluendum, & diuino examini dimittendum. Fateor tamen, quod & Praedicatores in praedicando, & Confeſſores in audientia Confeſſionum, debent talia deteſtari, & perſuadere ad dimittendum, cum ſint nimia & exceſſiua; non tamen ita indiſtinctae, eſſe mortalia".

II. Probe von der Moral der Rabbinen.
aus der Miſchnah oder dem Texte des Talmuds, überſetzt von Rabe Th. III (Onolzbach, 1761, 4) S. 77 folg. und S. 249 folg.

Dieſes ſind die Arbeiten, welche ein Weib ihrem Mann verrichten muß: das Mehl malen, backen, waſchen, kochen, ihr Kind ſaugen, ihm das Bette machen, und in Wolle arbeiten. Hat ſie eine Magd mitgebracht (oder ſoviel, daß man eine Magd dafür kaufen kan): ſo darf ſie nicht mer malen, backen, und waſchen. Hat ſie 2 Mägde: ſo darf ſie nicht mer kochen, noch ihr Kind ſaugen *. Hat ſie 3: ſo darf ſie auch das Bette nicht mer machen, noch in Wolle arbeiten. Hat ſie gar 4: ſo darf ſie im Seſſel ſitzen (und gar nichts mer tun, auch nicht einmal etwas holen. Doch gibt man ihr als einen guten Rat, dem Manne den Becher einzuſchenken, auf das Bett die Decke zu breiten, und ihm das Geſicht, Hände, und Füße zu waſchen, weil ſich ſolches vor keine andere WeibsPerſon ſchickt). R. *Elieſer* aber ſagt, wenn ſie auch hundert Mägde mitgebracht; ſolle er ſie anhalten, in Wolle zu arbeiten, indem der Müſſiggang Gelegenheit zu Laſtern gebe. R. *Schimeon* der Sohn Gamaliels ſagt da-

---
* Wie der Rabbi hier über die MutterPflicht, ein Kind ſelbſt zu ſtillen, abſcheulich moraliſirt! Im ganzen Folianten Buſembaum iſt von dieſer, für Stat und Sitten gleich wichtigen Pflicht, keine Sylbe (ſo viel ich wenigſtens im Regiſter finde; dagegen iſt Buſembaum deſto umſtändlicher über die Frage: an liceat debitum petere tempore lactationis?). Nun ſehe man aber nach, wie neuere Philoſophen (z. Ex. Hr. Prof. Büſch, in ſeinen vermiſchten Abhandlungen) dieſen Locum behandeln: und ſchließe ſchon hieraus auf den Unterſchied zwiſchen alter und neuer Moral. S.

her, wenn auch jemand durch ein Gelübd es verredet habe, daß sein Weib keine Arbeit mer tun solle; so müsse er sie von sich laßen, und ihr ihre Krufaß geben, indem der Müßiggang sie sonst melancholisch machen würde (wenn sie immer sitzen, und nichts tun sollte. Die Halachah ist nach R. *Eliejer:* indem sonst nach R. *Schimeon* sie sich mit Lustbarkeiten zu schaffen machen, und also die Melancholie vertreiben könnte, welches aber zu Lastern Anlaß geben würde).

Wenn es jemand verredet hat, seinem Weibe ehelich beizuwonen (indem er gesagt, der Genuß deiner Beiwonung soll nur verboten seyn; denn wenn er gesagt: der Genuß meiner Beiwonung soll dir verboten seyn, wäre es ungültig, weil es bei ihm eine Pflicht ist, deren er sich nicht entsagen kan): so darf er sie nach den *Schammae*anern 2 Wochen, nach den *Hilleli*anern nur noch 1e Woche, behalten * (hernach muß er sie, wenn er nicht indeßen jemand findet, der ihn von seinem Gelübbe loszälet, von sich laßen: und das gilt auch von einem Kameltreiber oder Schiffmann). Die **Studirenden,** welche Studirens wegen an andre Orte reisen müssen, haben auch, ohne Erlaubnis von ihren Welbern zu haben, 30 Tage (die andern Gelerten räumen denselben 2 bis 3 Jar ein, von ihren Weibern Studirens halber abwesend zu seyn), Arbeitsleute aber (welche an einem andern Ort arbeiten 1e Woche, Zeit. Die im Gesetz 2 Mos. XXI. 10 gedachte **Ehe**Schuld, sollen junge Leute, die sonst nichts zu tun haben, alle Tage, **Arbeitsleute** 2mal die Woche,

---

* Die *Schammae*aner nemen ihren Termin her, von den 14 Tagen, da ein Weib, die ein Mägdlein geboren, unrein sei; und die *Hilleli*aner von den 8 Tagen der Unreinigkeit einer Niddah, da der Mann sich so lange der Frau enthalten müsse; da dann diese für ihre Meinung anfüren, daß was ihren Termin bestimmt, sich öfters ereigne, jene aber, daß an der Unreinigkeit des Kindbetts der Mann Ursach sei, und also auch der Zorn, weswegen er sein Gelübd getan, von ihm her sei, die die *Niddah* von selbst komme. Anmerk. von Hrn. Rabe.

44. Moral der Rabbinen.

che, **Eseltreiber** (welche Getreide aus benachbarten Orten zufüren) einmal die Woche, **Kamelt**reiber (welche weiter her Waren holen) 1mal in 30 Tagen, und **Schiffleute** 1mal in 6 Monaten, leisten. Dieses ist die Meinung R. *Eliesers*. (Wenn ein Mann eine Handtirung ergreifen will, welche ihn auf längere Zeit, als seine bisherige, von seinem Weibe absondert: kann sie es verweren, außer nur dieses nicht, wenn er sich dem Studiren in Gesetz widmen will).

R. *Jehudah* sagt, ein lediger Mensch soll kein Vieh weiden, und zween ledige sollen nicht unter einer Decke schlafen (Unzucht zu vermeiden): die andern Gelerten aber erlauben es (weil die Israeliten dieser Sünden nicht verdächtig sind). Alle die, deren Handtirung mit Weibern zu schaffen hat, sollen nicht mit Weibern alleine seyn (wenn ihrer auch viele wären, indem sie zu vertraut gegen solche Mannspersonen sind): so soll auch niemand seinen Son eine solche Handtirung lernen lassen. R. *Meir* sagt, jederzeit soll man seinen Son eine unschuldige und leichte Handtirung lernen lassen, und (ohne auf das, was am meisten einträgt, zu sehen) den anrufen, dessen Reichtum und Vermögen ist; indem keine Handtirung ist, wobei nicht Armut und Reichtum statt habe. Dann weder Armut noch Rechtum kommt von der Handtirung her, sondern von dem Verdienst eines jeden. R. *Schimeon* der Son *Elieser* sagte: "Hastu dein Lebtag ein Tier oder einen Vogel gesehen, so eine Handtirung hat? Dieselben nären sich ohne Mühe: und sie sind doch nur erschaffen, mir zu dienen; ich aber bin erschaffen, meinem Schöpfer zu dienen. Ist es also nicht billig, daß auch ich ohne Mühe mich näre? allein, weil ich mein Werk böse gemacht, habe ich mir meinen Unterhalt beschnitten". *Abba Gorjan Isch Zadian* sagte im Namen *Abba Gorja*: Niemand lasse seinen Son einen Esel- oder KamelTreiber, Barbier, Schäfer, Hirten, oder Krämer werden, indem dieses räuberische Handtirungen sind. (Weil erstere bei Nachts unterwegs sind, so stelen sie Holz und Früchte aus den Weinbergen, oder übersetzen die Leute.

Die

Die Hirten hüten Schaden, und die Krämer mengen Wasser unter Wein, und Spreu unter Korn). R. *Jehudah* sagt in seinem eignen Namen: die meisten **Eseltreiber** sind Bösewichter (als Räuber); die meisten **Kameltreiber** sind ehrlich (weil sie in den Wüsten sich immer fürchten müssen); die meisten **Schäfer** sind fromm (um der steten Gefar willen); der beste unter den **Aerzten** gehört in die Hölle (weil sie keine Krankheit scheuen, so haben sie auch keine Demut für Gott, und bringen manchmal die Leute um, und heilen die Armen nicht, die sie heilen könnten); der ehrlichste unter den **Fleischern** ist Amaleks Geselle (indem sie viel Fleisch, so trephah ist, verkaufen). R. *Nehorai* sagte: Ich will alle Handtirungen von der Welt faren lassen, und meinen Son nichts als das Gesetz leren; denn davon genießt ein Mensch die Belonung in dieser Welt, und das Capital bleibt ihm stehen bis in jene Welt. Mit allen übrigen Handtirungen ist es nicht also beschaffen. Wenn ein Mensch krank oder alt wird, oder sonst in Unglück kommt, und seiner Arbeit nicht abwarten kan: muß er Hungers sterben. Mit dem Gesetz aber verhält es sich nicht also: dasselbe bewaret einen Menschen vor allem Bösen in seiner Jugend, und gibt ihm noch Trost und Hoffnung im Alter. In der Jugend heißet es Jes. XL, 31: **die auf den Herrren harren, kriegen neue Kraft,** und im Alter Psalm. XCII, 15: **sie werden noch im Alter Frucht tragen.** So heißt es von unserm Vater Abraham, auf welchem Friede sei, 1 Mos. XXIV; **Abraham war alt, und der Herr hatte ihn gesegnet allenthalben.** Wir finden von ihm, daß er das ganze Gesetz gehalten, ehe es gegeben worden, indem es heißt 1 Mos. XXVI, 5: **Darum daß Abraham meiner Stimme gehorsam gewesen ist, und hat gehalten meine Rechte, meine Gebote, meine Weise, und meine Gesetze.**